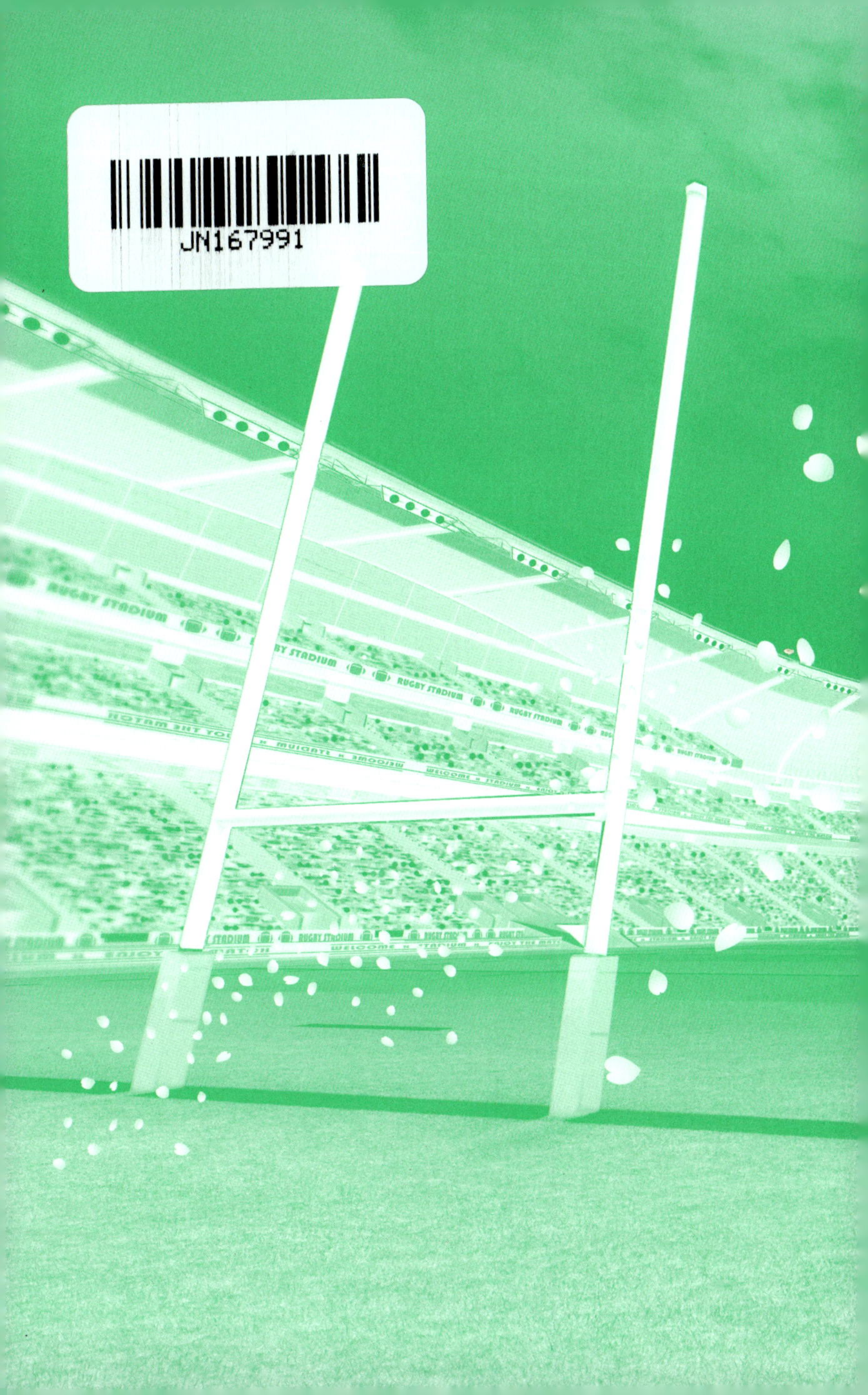
RUGBY STADIUM
RUGBY STADIUM
RUGBY STADIUM
WELCOME

明日にトライ！

リーチ・マイケル物語

A STORY OF LEITCH MICHAEL

文／ひろはたえりこ

ワールドカップ2015

2015年秋にイングランドで開《かい》催《さい》されたラグビーワールドカップ。マイケル率《ひき》いる日本代表チームは予選《よせん》リーグ初戦《しょせん》で優勝《ゆうしょう》候補《こうほ》の南アフリカに歴史的勝《れきしてきしょう》利《り》をおさめた。写真上は、予選《よせん》第2戦《せん》のスコットランド戦《せん》でのマイケル。チームを引《ひ》っ張《ば》るプレイが光る。左は、ワールドカップでチームを指揮《しき》したエディヘッドコーチとマイケル（写真は2015年8月の日本での試合《しあい》のときのもの）。

東芝《とうしば》(ジャパンラグビートップリーグ)

ジャパンラグビートップリーグの東芝《とうしば》ブレイブルーパスで活躍《かつやく》するマイケル。マイケルのポジションはフォワードの後方のナンバー8、フランカーとよばれるところ。スクラムのときは、後方で全体を把握《はあく》する重要《じゅうよう》なポジションとなる。

東海《とうかい》大学時代も、マイケルは主力選手《せんしゅ》として活躍《かつやく》していた。写真は、4年生のときの大学選手権準決勝《だいがくせんしゅけんじゅんけっしょう》の帝京《ていきょう》大学戦《せん》。大学時代最後《さいご》の試合《しあい》だったが、惜《お》しくも敗《やぶ》れた。

東海《とうかい》大学時代

家族

13歳《さい》のときのマイケルとニュージーランドの家族。左上から兄のボビー、父ジェフリー、姉エミリー、マイケル、下は母エヴァと妹のアネ。

札幌山《さっぽろやま》の手《て》高校のころのマイケル。上が1年生のときの練習試合《じあい》のようす。左は、3年生のとき、高校日本代表に選《えら》ばれたときのもの。左は、マイケルが尊敬《そんけい》するラグビー部監督《かんとく》の佐藤幹夫《さとうみきお》先生。
下は現在《げんざい》の山《やま》の手《て》高校ラグビー部の練習風景《ふうけい》。後ろにそびえる山が、マイケルが練習のときに登った三《さん》角山《かくやま》。

札幌山《さっぽろやま》の手《て》高校時代

チャンスをのがすな！

リーチ・マイケル

ぼくが日本に来たのは、十五歳《さい》のときだ。故郷《こきょう》のニュージーランドにいたときは、日本のラグビーは弱いというイメージしかなかった。ニュージーランドは世界で一番強いので、そう思っていたのだろう。

ぼくは、日本に行ったら楽勝だと、変《へん》なプライドをもっていた。アジアの国はゴチャゴチャしていて、空気は汚《きたな》く、ごみが多い。日本にも、そんなイメージをもっていた。

でも、日本に来て、それがすごい勘違《かんちが》いだったということに気づいた。まず、日本はとてもきれいだった。ぼくのイメージとはまるで反対だった。それに、ラグビーは、ぼくが思っていたよりずっと強かった。日本代表は強いとはいえなかったが、日本の選手《せんしゅ》はとてもラグビーが上手《じょうず》だった。国内のチームもとても強いことにおどろいた。

日本人はパーフェクトになるまで練習をし、途中《とちゅう》でやめずに根性《こんじょう》でひたすら練習をつづけていた。その姿《すがた》は、ぼくに大きな影響《えいきょう》をあたえた。ラグビーはただのスポーツではない。人を育てる手段《しゅだん》の一つだ。日本では、そうとらえられている。ただ、それはよい面もあるが悪い面もあると、ぼくは思う。

日本が世界に対して教えられることは多い。たとえば人に対する尊敬《そんけい》や、人に迷惑《めいわく》をかけないようにする思いやりなどは、世界に誇《ほこ》れる文化だと思う。よく日本人は、「外国人はかっこいい」とか言うが、日本人の中身が一番かっこいいとぼくは思う。

二〇一五年のワールドカップでは、すべてを出しきった。準備《じゅんび》期間中は、ワールドカップで勝って日本は弱いという世界のイメージをくつがえすのだ、という目標《もくひょう》を自分でもって活動していた。トレーニング、寝《ね》ること、食べること、休むこと、選手《せんしゅ》とコミュニケーションをとること、すべてその目標《もくひょう》のために取り組んだ。もう二度としたくないと思うほど、真剣《しんけん》に取り組んだ。その間は、しんどいことばかりだった。でも、結果《けっか》を出すためには楽しいことばかりではなく、しんどいことも必要《ひつよう》なのだと確信《かくしん》した。そして、その結果《けっか》、日本人の強さと可能性《かのうせい》を世界に示《しめ》すことができたと思う。

日本の子どもたちに、ぼくは言いたい。

自分の目標《もくひょう》を達成《たっせい》することは、楽ではない。大切なのは、早い段階《だんかい》で目標《もくひょう》を立てるということだと思う。ぼくは、五歳《さい》のときから、ラグビーのプロ選手《せんしゅ》になると決めていた。でも、将来《しょうらい》の夢《ゆめ》を聞かれたときには、医者になりたいとうそを言っていた。

「ラグビーのプロ選手《せんしゅ》になるなんて、おまえには無理《むり》だ」と、よくまわりの人たちに言われていたからだ。

それから、チャンスが来たら、迷《まよ》わずつかんでものにしてほしい。ぼくの人生では、日本に来たことが大きなターニングポイントになった。目の前にあるチャンスをつかんだから、今があるのだ。

じつは、日本に来る前に一人の友達《ともだち》に、

「おまえはたいしたことないんだから、日本に行くんじゃない。行ってもむだだよ。ほかの上手《じょうず》な選手《せんしゅ》を行かせるべきだ」と、言われた。ぼくは、とても腹《はら》がたった。

自分の目標《もくひょう》に対して人から反対されたり、マイナスのことを言われたりしても、素直《すなお》に聞く必要《ひつよう》はない。目標《もくひょう》に対してじゃまをしてくる人は、必《かなら》ず出てくる。それに、しっかりと対《たい》応《おう》することだ。自分の目標《もくひょう》によい影響《えいきょう》をあたえるように、すべてのことを選択《せんたく》していくことが大切だと思う。

ぼくは今まで、高校日本代表、U《アンダー》二〇日本代表、全日本代表に選《えら》ばれてきた。ワールドカップに出て結果《けっか》を残《のこ》し、スーパーラグビーでも活躍《かつやく》した。今は、次にどうしようかと考えているところだ。ここで、もう一度目標《もくひょう》を立て直していきたいと思う。

ぼくが特別《とくべつ》すごいとは思わないでほしい。みんなと同じような人間で、今もみんなと同じように悩《なや》みながら歩いているのだ。

ラグビーの基《き》本的《ほんてき》なルール

●チームの人数… 十五人

●競技《きょうぎ》時間… 前半・後半四十分ずつ
（高校生は三十分ずつ）

●基《き》本《ほん》のラグビー用語

トライ… 相手チームのゴールラインをこえてボールをグラウンドにつけること。五点入る。キックでゴールポストを通過《つうか》させるとさらに二点が加《くわ》わる（トライ・アンド・ゴール）。

タックル… ボールを持っている相手に飛《と》びかかり、倒《たお》すこと。

スクラム… 一度流れが止まった試合《しあい》を再開《さいかい》する方法《ほうほう》。両チームのフォワード八人が組む。

ノーサイド… 試合終了《しあいしゅうりょう》。

ボール
長さ：約《やく》30cm
重さ：400～440g

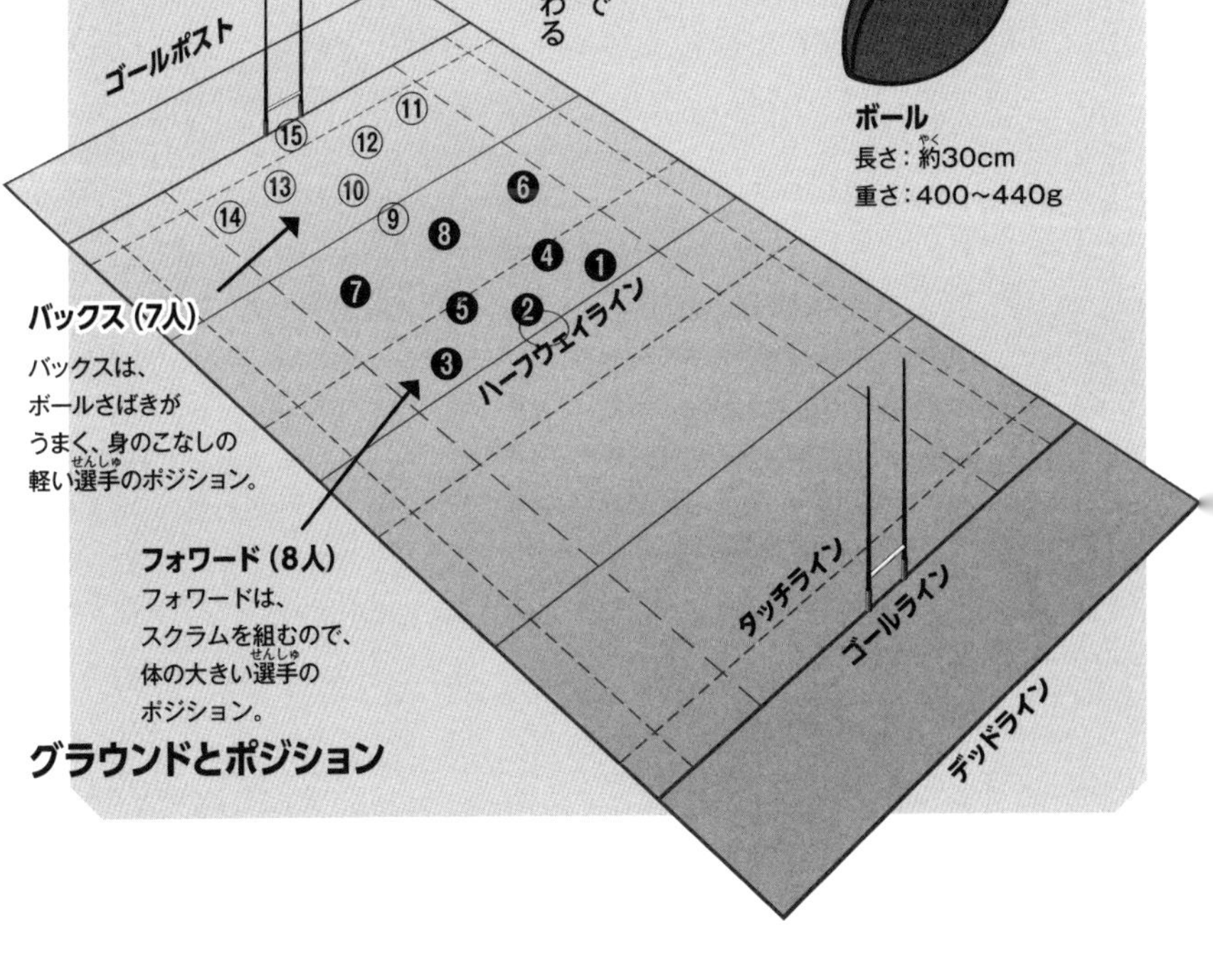

グラウンドとポジション

もくじ

プロローグ……8
(1) 誕生《たんじょう》……12
(2) 出会い……22
(3) 初《はじ》めての友達《ともだち》……40
(4) 進学……53
(5) 日本へ……68

(6) 高校生活の始まり……97
(7) 初《はじ》めての試合《しあい》……123
(8) 恩返《おんがえ》しという言葉……133
(9) 大学時代……143
(10) 別《わか》れ……168
(11) 新しい道……176
エピローグ……184

プロローグ

「ピーッ！」

ホイッスルの音が鳴りひびいた。歓声《かんせい》がうねりのようにわき上がる。日本チームキャプテン、リーチ・マイケルは短く息をはいた。

行くぞ。大勝負だ。

奥歯《おくば》が、キリッと音をたてた。自分の体が、燃《も》えるように熱《あつ》かった。


二〇一五年九月二十日。

四年に一度のラグビーワールドカップが、イングランドで開催《かいさい》されていた。南部に位置《いち》するブライトン・コミュニティ・スタジアムは三万人の観客《かんきゃく》で埋《う》めつくされている。ここで、日本対南アフリカの試合《しあい》が、終盤《しゅうばん》を迎《むか》えようとしていた。得点《とくてん》は三十二対二十九。南アフリカがわずかに三点リードしている。過去《かこ》ワールドカップで二度の優勝《ゆうしょう》に輝《かがや》いている南アフリカ。試合前《しあいまえ》は、日本が勝つ可能性《かのうせい》はほとんどないと思われていた。その予想をくつがえす大《だい》活躍《かつやく》に、観客《かんきゃく》たちの興奮《こうふん》は高まっていた。

「ジャパン、ジャパン！」

「ニッポン！　ニッポン！」

かけ声がしだいに大きくなっていく。

日本は、前半から積極的《せっきょくてき》に攻《せ》めていた。強敵《きょうてき》を相手に、一歩も引けをとらなかった。点を入れられると即座《そくざ》にとり返す。そのくり返しに、南アフリカの選手《せんしゅ》たちにはあせりが見えていた。

後半二十八分、五郎丸《ごろうまる》がトライ・アンド・ゴールで同点にすると、三十二分には南アフリカがペナルティ・ゴールで、三点を追加《ついか》した。残《のこ》り時間はわずかだ。だれもが、勝負は決まったと思った。しかしそのとき、思いがけないことが起こった。南アフリカが反則《はんそく》をおかしたのだ。スタジアム内がざわめく。

マイケルは、息を吸《す》いこんだ。

日本は選択《せんたく》しなければならない。ペナルティ・キックか、それともスクラムからトライをめざすか。ペナルティ・キックを決めると、南アフリカと同点に持ちこめる。スクラムを組みトライを決めると五点入り、日本は勝《か》ち越《こ》すことができる。これが最後《さいご》のチャンスだ。ヘッドコーチのエディを見る。キックの指示《しじ》だ。マイケルは、目をそらした。うなずくことができない。

キックでいいのか。自分たちは南アフリカを倒《たお》すために世界一きびしいといわれるトレーニングを積《つ》み重《かさ》ねてきたのだ。同点では終われない。マイケルはとなりの木津《きづ》に目を向けた。

「行けるか？」

マイケルの言葉に、木津《きづ》がうなずく。

「行ける」

マイケルは、仲間《なかま》に目を移《うつ》す。松島《まつしま》、トンプソン、ヘスケス、五郎丸《ごろうまる》……。みんなの目が燃《も》えている。赤くゆらめく炎《ほのお》が空中にふき出してきそうだ。それにくらべて、南アフリカの選手《せんしゅ》たちの表情《ひょうじょう》はかたくこわばっている。緊張《きんちょう》しているのだ。

よし、だいじょうぶだ。行ける。

マイケルは顔を上げた。

「スクラムで行こう」

みんなの顔がいっせいに輝《かがや》いた。

「おう！」

「歴史《れきし》を変《か》えるのはだれだ？」

トンプソンが声を出す。

「おれたちだ！」

鋭《するど》い声で答えながら、選手《せんしゅ》たちが集まる。エディの渋《しぶ》い顔が目に見えるようだ。マイケルは、全身に力をこめた。

自分たちは引き分けるために戦《たたか》っているのではない。勝つために戦《たたか》っているのだ。絶対《ぜったい》に勝つ。

スクラムを組みはじめた選手《せんしゅ》たちの後ろから、マイケルも低《ひく》い体勢《たいせい》で参加《さんか》する。熱風《ねっぷう》のような塊《かたまり》が、腹《はら》の底《そこ》からこみ上げてくる。

割《わ》れんばかりの歓声《かんせい》の中、マイケルは前に向かって体を強く押《お》しこんだ。

(1) 誕生《たんじょう》

病室にまぶしい光が差《さ》しこんでいる。

「もう少しですよ。がんばって」

助産師《じょさんし》の声に、エヴァ・リーチはなんとかうなずいた。痛《いた》みが強くなっている。本当にもう少しだ。もう少しで、赤ちゃんの顔を見ることができる。エヴァは、息を吸《す》いこんで痛《いた》みに歯をくいしばった。

夜中の十二時に始まった陣痛《じんつう》は、波のようにゆっくりと、けれど激《はげ》しく何度も押《お》しよせては引いていった。すぐに生まれるかと思った赤ちゃんは、なかなか出てこようとはしない。もう半日もこうして、エヴァはバーウッド病院（Birwood hospital）の中にいるのだ。長くつづく痛《いた》みの中で、エヴァは故郷《こきょう》の景色《けしき》を思い出していた。吸《す》いこまれそうに青い空、空を映《うつ》しだす海、白い砂《すな》、揺《ゆ》れるヤシの木……。故郷《こきょう》のフィジー島からニュージーランドに来て、もう八年もたつ。夫《おっと》のジェフと出会ったのは、フィジー島のホテルだった。当時、エヴァが働《はたら》いていたホテルにジェフが仕事で訪《おとず》れたのだ。ジェフは、ニュージーランドに帰ってからもエヴァに会いに来てくれた。物静《ものしず》かで感情《かんじょう》をあまり外に出さないジェフがフィジーまで会いに来てくれたなんて、今でも不思議《ふしぎ》な気がする。ジェフと結婚《けっこん》し、かわいい二人の子どもに恵《めぐ》まれた。そして、今、もう少しで三人目の宝物《たからもの》が生まれてこようとしている。どんな子だろう。長女のエミリーのように、明るくやさしい子だろうか。それとも、長男のボビーのようにやんちゃで暴《あば》れん坊《ぼう》の子だろうか。楽しみでたまらない。ジェフは、今ごろ淡々《たんたん》と仕事をしながら、連絡《れんらく》を待っていることだろう。

エヴァがほほ笑《え》んだとき、ひときわ大きな痛《いた》みが押《お》しよせてきた。体中に力を入れたとき、大きな泣《な》き声《ごえ》がひびきわたった。エヴァの体から力が抜《ぬ》けた。

「おめでとう。大きな男の子ですよ」

助産師《じょさんし》の声が耳元で聞こえた。目を開けると、本当にビッグサイズの赤ちゃんが真《ま》っ赤《か》な顔をして泣《な》いていた。

エヴァは両手を伸《の》ばして、赤ちゃんを受けとる。ずっしりとした重みが、腕《うで》につたわってくる。

ようやく生まれた。

「よく来てくれたわね」

声をかけると、腕《うで》の中の子はますます大きな声で泣《な》きはじめた。生きる力がほとばしっているようだ。

窓《まど》に目を向ける。大きく広がる空が目に飛《と》びこんできた。故郷《こきょう》のフィジーを思わせるような真《ま》っ青《さお》な空だった。


赤ちゃんは、マイケルと名づけられた。

生まれたときの身長は五十七センチ、体重は約《やく》十ポンド（四・五キロ）もある大きな赤ちゃんだった。兄のボビーも同じくらい大きくとても太っていたが、マイケルは太っているというより長いという感じがぴったりだった。同じ赤ちゃんでもずいぶんちがうものだと、エヴァが笑《わら》ってしまうほどだった。

マイケルとエミリー

マイケルは、すくすくと育った。ただ体は小さくて、生まれたときの大きさがうそのようだった。やんちゃで活発な兄のボビーにくらべると、マイケルは静《しず》かな子だった。聞きわけがよく、ほとんど手がかからない。でも、とても甘《あま》えん坊《ぼう》だった。エヴァの後をどこに行くにもついてくる。買い物に行くときも近所の家に行くときも、トイレにまでしがみついてくるほどだった。

小さくてかわいいマイケル、家族はみんなマイケルのことをそう呼《よ》んでいた。

マイケルが二歳《さい》になったある日、小さな事件《じけん》が起きた。エミリーが青い顔をしてキッチンに駆《か》けこんできたのだ。

「ママ、たいへん！」

「どうしたの、そんなにあわてて」

「マイケルが……マイケルがどこにもいないの」

「え？　マイケルは、お昼寝《ひるね》してるはずよ」

「ベッドがからっぽなの。行きそうなところは全部さがした。でもいないの」

「どこかにいるわよ。だって、マイケルはまだあまり歩けないのよ」

そう言いながら、エヴァの胸《むね》はざわめいていた。あのおとなしいマイケルがいないなんて。お昼寝《ひるね》をしていると思って、安心していたのに。

「エミリーは家の中をさがして。わたしは庭をさがしてみるわ」

「わかった」

エミリーがあわててキッチンを出ていく。エヴァは庭に飛《と》びだした。

「マイケル、マイケル！」

大声を出しながら、庭をさがし回る。木のかげにも、やぶの中にもマイケルの小さな姿《すがた》は見当たらない。

「あれ？　ママ、どうしたのさ？」

ボビーが小枝《こえだ》を肩《かた》に背負《せお》ってやってきた。おでこに新しい切《き》り傷《きず》ができている。

「マイケルがいないのよ」

「ふーん」

「ボビーもさがして」

「えー。めんどくさいなあ。外に遊びに行ったんじゃないの？」

エヴァの心臓《しんぞう》がドクンと音をたてた。庭の外に出ることは考えていなかった。もし、道路に出たりしたら、たいへんなことになる。車にひかれそうになるマイケルを思いうかべて、エヴァはぞっとした。

あわてて庭を出ようとしたとき、子犬がエヴァの足元にじゃれついてきた。

「今、忙《いそが》しいのよ。あっちに行ってなさい」

手ではらっても、子犬ははなれていかない。

「どうしたっていうのよ」

最近飼《さいきんか》いはじめた三匹《びき》の子犬だ。名前もつけていない。マイケルはこの子犬たちが大好《だいす》きでいつもじゃれあっているのだ。しゃがみこんだエヴァは、はっとした。子犬が二匹《ひき》しかいない。もう一匹《ぴき》はどこだろう。もしかしたら……。

庭の隅《すみ》にある犬小屋まで、エヴァは走った。犬小屋の中をのぞきこむ。そのとたん、力が抜《ぬ》けた。マイケルが中にいたのだ。子犬を抱《だ》きしめたかっこうで、犬小屋の中でぐっすりと眠《ねむ》っている。大きさが同じくらいなので、マイケルが犬を抱《だ》きしめているのか、犬がマイケルを抱《だ》きしめているのかわからないくらいだった。

「なんだよ。人騒《ひとさわ》がせなやつだな」

ボビーが鼻をならしてはなれていく。あわててかけつけたエミリーが、小さく笑《わら》った。

「もうマイケルったら」

エヴァにも笑《わら》いがこみあげてきた。

「ほんとに困《こま》った子ね」

エミリーとエヴァは、小屋の中をのぞきこみながらクスクスと笑《わら》いつづけた。


マイケルが三歳《さい》になると、兄のボビーとの性格《せいかく》のちがいがはっきりしてきた。元気でやんちゃなボビーと静《しず》かで甘《あま》えん坊《ぼう》のマイケル。まるでお互《たが》いのちがう役割《やくわり》を分担《ぶんたん》しているようだった。

「ただいまー!」

ボビーが学校から帰ってきた。泥《どろ》だらけの体で顔にはひっかき傷《きず》がいくつもついている。まただれかとけんかをしたらしい。エヴァはため息をついた。

「ボビー、今日《きょう》はだれとけんかしたの？」

「クラスのやつとね。ちょっともめただけだよ」

「ボビー、あなたね……」

「だいじょうぶだいじょうぶ、もう仲直《なかなお》りしたからさ。話してみると、けっこういいやつだった」

ボビーが豪快《ごうかい》に笑《わら》う。エヴァもつられて笑《わら》ってしまう。いつもこうだ。ボビーの陽気な笑《え》顔《がお》は、まわりのみんなを巻《ま》きこんでしまうのだ。エヴァの横では、マイケルがびっくりしたような顔でボビーを見つめている。

「おうマイケル、いっしょに遊ぶか」

「うん」

「よし、行くぞ」

マイケルは、ボビーの後をいそいそとついていく。長く伸《の》びた髪《かみ》がからまって、お人形みたいだ。そういえば、この間もマイケルは女の子にまちがえられた。買い物に行ったときだ。中国人の店員が、近づいてきて目を細くした。

「まあ、かわいい女の子ね」

そう言ってマイケルの頭をなでようとしたのだ。すると、いつもはおとなしいマイケルがきっと顔を上げた。

「ぼくは、女の子じゃない！」

「あら、ごめんなさい」

店員は目を丸くしながら笑《わら》った。けれど、マイケルは口をとがらせたままだった。おとなしくてかわいらしいマイケル。でも、やっぱり男の子だ。エヴァは笑《わら》いをこらえるのがたいへんだった。

玄関《げんかん》のほうから泣《な》き声《ごえ》が聞こえてきた。マイケルの声だ。きっとまたボビーにやられたのだろう。いつもこうだ。そして、このままでは収《おさ》まらないのだ。今度はきっと……。

「ちょっと、ボビー。またマイケルをいじめたわね！」

思った通り、エミリーの声が聞こえてきた。そしてバタバタと走りまわる音がひびく。

けんかをしてマイケルを泣《な》かせるボビー、それに怒《おこ》ってボビーとけんかをするエミリー。

それがいつものパターンだった。大騒《おおさわ》ぎをするのに、気がつくといつのまにか三人でくっついて笑《わら》いあっている。毎日そのくり返しだった。

「おい、いつまでも泣《な》くなよ、マイケル」

ボビーの声が聞こえてきた。

「ボビーったら、自分が泣《な》かせたくせにえらそうね」

エミリーの声も聞こえる。

「うるさいなあ、エミリーは。あっちで遊ぼうぜ、マイケル」

「うん。エミリーも行こう」

「しかたないわね。じゃあ、いっしょに行こうか」

三人の声を聞いて、エヴァは笑《わら》いをかみ殺《ころ》した。

いつもと同じ毎日が、ゆっくりと流れていった。

マイケルとエミリー、ボビー（左から）

（2）出会い

朝日が部屋を白く染《そ》めている。

マイケルは八歳《さい》になっていた。大きく伸《の》びをして起きあがる。よい天気だ。この天気なら、たっぷりラグビーの練習ができる。マイケルは、勢《いきお》いよくベッドをおりた。ラグビーのことを考えると、胸《むね》がどきどきする。どうしてこんなに好《す》きなんだろう。まるで、ラグビーに恋《こい》をしているみたいだ。

マイケルは、小さく笑《わら》いながら肩《かた》をすくめた。

マイケルがラグビーを始めたのは、五歳《さい》のときだ。母に勧《すす》められたのがきっかけだった。

「マイケル、ボビーがラグビーを始めたいって言ってるの。いっしょにしてみない？　ラグビーは最高《さいこう》のスポーツよ！」

母のエヴァは家族がラグビーをしていたこともあって、いつもラグビーのすばらしさをマイケルたちに話して聞かせていた。

「ねえ、ジェフ。マイケルもラグビーをしたほうがいいわよね」

父のジェフは、読んでいた新聞から顔を上げた。

「マイケルがしたいならすればいいさ」

「もちろんしたいわよねえ、マイケル」

マイケルは、エヴァの言葉に笑《わら》いながらうなずいた。

「うん、ぼくラグビーするよ」

深く考えていたわけではなかった。母が好《す》きなスポーツだから、自分もやってみようか、と思っただけだ。

もともとニュージーランドは、ラグビーがさかんな国だ。マイケルの住むクライストチャーチには、地域《ちいき》のクラブが二十近くもある。日本の子どもたちが幼《おさな》いころからキャッチボールをするように、ニュージーランドではラグビーをするのがふつうなのだ。マイケルも、ラグビーをすることに何のためらいもなかった。それに、兄といっしょに練習できるのが何よりもうれしかった。兄のボビーは体が大きくて、走るのも泳ぐのもそしてけんかも、だれにも負けない。マイケルができないことをなんでもあっさりとしてしまう。明るく元気で、大きな声で笑《わら》うボビーは、マイケルのあこがれだった。ボビーといっしょにいろいろなことをしたい。そう思って、マイケルはボビーの後を追いかける。でも、いつも相手にされなかった。しつこくすると、パンチが飛《と》んでくる。ボビーは友達《ともだち》と遊ぶのに忙《いそが》しかったのだ。そんな兄といっしょにラグビーができるなんて、願《ねが》ってもないことだ。

母が勧《すす》めるまま、マイケルはボビーといっしょにグラウンドに出かけることにした。

二人が入ることになったのは、地元クライストチャーチにあるバーンサイド・ラグビークラブ（Burnside Rugby club）だった。

グラウンドに行くと、マイケルと同じくらいの年ごろの子が並《なら》んでいた。マイケルとボビーが参加《さんか》したのは、八歳《さいい》以下《か》の子たちのクラスだ。

マイケルは並《なら》んでいる子どもたちを見回した。

「たくさんいるね、ボビー」

「ああ、見ろよ、あの子。すごいちびだぜ」

ボビーの目の先には、三～四歳《さい》くらいの小さな子がいた。

「あいつには負けられないな」

ボビーがこぶしを握《にぎ》りしめた。

二人の目の前には、緑の芝生《しばふ》でおおわれたグラウンドが広がっている。こんなに大きなところで、これから練習するのだ。マイケルは、胸《むね》がふるえた。

「おもしろくなりそうだなあ。な、マイケル」

「うん」

本当におもしろくなりそうだ。もちろん今までだって、ラグビーをやっている人たちをあちこちで見てきたし、ボールにさわったこともある。でも、しっかりと教えてもらうのは初《はじ》めてだ。少し緊張《きんちょう》しながら待っていると、コーチがやってきた。

「みなさん、こんにちは！」

大きな声がひびいてくる。

「こんにちは！」

「よくこのクラブに来てくれたね。これからいっしょにがんばって強くなろう」

「はい！」

マイケルもみんなといっしょにうなずいた。

「きみたちは、もちろんラグビーのプレイは見たことあるよね。かんたんにルールを説明《せつめい》すると、このボールを相手の陣地《じんち》に運んでラインのところにタッチすれば点が入る。かんたんだろ？」

コーチがにこにこしながら説明《せつめい》してくれる。

「でも、ゴールするのはかんたんじゃない。相手チームが、ボールをうばい返そうとしてくる。それをはねのけなくてはならないんだ。ほら、あっちのコートでは、きみたちより大きい子たちがプレイしてる」

目を向けると、中学生くらいの子たちがものすごい勢《いきお》いで走りまわっているところだった。ボールを抱《かか》えた子が緑のグラウンドを走る。後ろから、数人の子が追いかけていく。その中の一人が、ボールを持っている子に飛びついた。二人はもつれ合うようにして、グラウンドに倒《たお》れこんだ。

「あれがタックルだ。ボールを持っている人に飛びついて、ゴールさせないようにするんだ。

ただし、きみたちはまだタックルは禁止《きんし》だ。危険《きけん》だからね。あれができるようになるのは、十一歳《さい》になってからだよ」

コーチの声を聞きながら、マイケルは目を見張《みは》っていた。ボールが地面にころがる。それをすばやく拾いあげた子が、ボールを抱《かか》えてまた走りだす。さっきと同じように、数人の子が追いかける。まるでおにごっこのようだ。ちがうのは、逃《に》げるのが「おに」のほうだということだ。ボールを持って走っていた子が、とうとうグラウンドの端《はし》まで行った。他の子をふり払《はら》うようにして、地面のラインにスライディングする。ホイッスルの音がひびいた。男の子のまわりに仲間《なかま》が集まって、笑顔《えがお》で肩《かた》をたたいたり、頭をなでたりしている。

「トライだ。あれで、五点が入った」

マイケルは、大きく息をはき出した。いつのまにか、息を止めていたのだ。あまりにも真《しん》剣《けん》に見ていたせいだろう。握《にぎ》りしめた両手が痛《いた》かった。難《むずか》しい説明《せつめい》はわからない。ただ、こんなにわくわくするものを見たのは初《はじ》めてだと思った。

「ほら、これをよく見てごらん。変《へん》な形だと思わないかい？」

コーチが楕円形《だえんけい》のボールをみんなに見せてくれた。端《はし》にいる子にボールをわたす。その子は、しげしげとボールを見ている。言われてみると、本当におかしな形をしている。サッカーもバレーボールも野球も、みんなボールは球形だ。それなのに、ラグビーのボールは押《お》しつぶしたような楕円形《だえんけい》をしている。ボールを持った子が、となりの子にわたした。それから、またとなりの子へとボールが動いていく。そして、ボビーのところまで来た。

「ほんとだ。変《へん》な形だ」

ボビーは、両手でボールの重さを確《たし》かめてから、マイケルにわたしてくれた。持ったとたん、マイケルの体にビリッと電気が走ったような気がした。

なんだ、これ？　生きてるみたいだ。

初《はじ》めてさわったボールから、熱《あつ》いエネルギーが流れこんでくるようだ。きっと、ボールが喜《よろこ》んでいるんだ。このままずっと抱《かか》えていたい。そして、このボールを持ったままグラウンドを走りたい。

コーチが、マイケルを見てほほ笑《え》んだ。

「ボールがこの形だから、地面に落ちるとどこにはねるかわからないんだ。だからたいへんなんだよ。このボールがどこに飛《と》んでいってもキャッチできるように、がんばって練習しよう」

マイケルは、手の中のボールをじっと見つめた。どこにはねるかわからないボール。まるで選手《せんしゅ》をからかう魔法《まほう》のボールみたいだ。でも、きっと自分はボールと仲《なか》よくできる。マイケルは力をこめてボールを握《にぎ》りしめた。しびれるような感じはますます強くなっていく。

「よし、じゃあ、さっそく練習をしてみようか。ボールを返して」

コーチがマイケルからボールを取りあげた。

「まず二つのチームに分かれてやってみようか」

そこにいた子どもたちを、コーチが無造作《むぞうさ》に二つに分けた。ボビーとマイケルは別《べつ》のチームになった。

「さあ、いいかい。敵《てき》のラインにトライしたほうが勝ちだ。さっきも言ったけれど、きみたちはまだタックルは禁止《きんし》だよ。危険《きけん》だからね。ほかの細かいルールはやりながら教えるから、まずやってみよう」

コーチは、みんなを見回してゆっくり声を出した。

「ホイッスルの音がスタートの合図だ。ボールが地面にワンバウンドしたら、相手の陣地《じんち》にすばやく蹴《け》りあげるんだよ」

マイケルたちは、真剣《しんけん》な顔でうなずいた。

「ピーッ!」

ホイッスルの音がひびく。ボールが地面に大きくバウンドした。マイケルが手を伸《の》ばす。ボールはマイケルをあざ笑《わら》うかのように、はなれた方向に飛《と》びはねた。マイケルの目が丸くなる。

「もらったぜ、マイケル」

聞きなれた声がしたと思ったら、ボールを持って走るボビーの姿《すがた》が見えた。マイケルもあわてて足を動かしたけれど、遅《おそ》かった。ボビーの姿《すがた》は、どんどん遠くなる。マイケルは、唇《くちびる》をかんだ。ボールをうばい返してやる。

必死《ひっし》に走って、兄の姿《すがた》を追いかけた。風が耳元をすりぬけ、体が空気を切る。足が軽い。ボールを追いかけてどこまでも行けそうな気がする。まるで鳥になったみたいだ。ニュージーランドの飛《と》べない鳥、キウイ。自分は、今あのふかふかとした小さな鳥になっているのかもしれない。

楽しい。なんて楽しいんだろう。

笑《わら》いがこみあげてくる。もっとスピードを上げようとしたときだ。目の前にボールがころがってきた。マイケルは、あわてて拾いあげた。

「走れ！」

耳元でだれかの声がした。マイケルは、ボールを抱《かか》えて弾《はじ》けるように走りだした。無我夢《むがむ》中《ちゅう》で足を動かす。風の音が耳元でビュンビュンと聞こえてくるようだった。手の中のボールが軽い。わらわらと子どもたちが近づいてくる。マイケルはボールを強く握《にぎ》りしめた。

わたすもんか。このボールは、ぼくのものだ。このまま突《つ》っ走《ぱし》ってやる。

ゴールに向かってダッシュした。

「おーい！」

「何やってんだよ。逆《ぎゃく》だよ、逆《ぎゃく》！」

風の音に混《ま》じって、笑《わら》い声《ごえ》が聞こえてきた。

「バカやろう、マイケル。ちがうだろ」

ボビーの声がすぐ近くで聞こえる。顔を上げると、まわりのみんながマイケルを指さして笑《わら》っている。思わず足を止めたとたん、ボールをうばわれた。

「あ……」

うばったのは、ボビーだった。ボールを抱《かか》えたまま、みるみる遠くなる。そのままボールをラインにタッチした。

「やった！」

「トライだ！」

いっせいに歓声《かんせい》があがる。マイケルは、何が起きたのかわからずにぼんやりたたずんでいた。荒《あら》い息をはきながら、ボビーが近づいてくる。

「おい、まちがえんなよ。おまえのゴールは、あっちだろ」

それで初《はじ》めて気がついた。マイケルは、反対の方向、自分のコートに向かって走っていたのだ。

「まちがえてくれて、サンキュー。おかげでトライできたぜ」

ボビーの言葉に、マイケルの顔が熱《あつ》くなった。目がうるんでくる。マイケルは、おなかに力を入れた。

泣《な》くもんか。絶対《ぜったい》に泣《な》かない。そして、今度こそ、敵《てき》のコートにトライしてみせる。

マイケルの胸《むね》に、小さな炎《ほのお》がポッと燃《も》えあがった。


あれから三年。マイケルは八歳《さい》になった。ラグビーへの熱《あつ》い思いはうすれていない。むしろ、だんだん強くなっているような気がする。

週に一度のラグビーの練習が、待ち遠しくてたまらない。自分でもこんなにラグビーが好《す》きになるなんて、思いもしなかった。体の中に、目に見えない生き物がすんでいるようだ。そいつは、ふだんはひっそりとおとなしく眠《ねむ》っている。けれど、ラグビーを始めるととたんに目を覚《さ》まし、熱《あつ》い息をはきながら暴《あば》れまわるのだ。クリケットでもサッカーでも、そいつは目覚《めざ》めない。ただ一つ、ラグビーを始めると目覚《めざ》め、火がついたように暴《あば》れまくるのだ。


居間《いま》に行くと、ボビーがもう朝食をとっているところだった。

「おう、マイケル」

食べながら、片手《かたて》をあげる。

「おはよう」

「おはよう、マイケル」

母のエヴァが、近づいてきてマイケルを抱《だ》きしめた。

「相変《あいか》わらずすごい髪《かみ》ね」

となりで笑《わら》っているのは、六歳《さい》年上の姉エミリーだ。去年生まれた末《すえ》っ子《こ》のアネと父のジェフは姿《すがた》が見えない。アネはまだ寝《ね》ていて、父はもう仕事に出かけたのだろう。

「おい、マイケル。さっさと食べないと、先行くぞ」

ボビーは、最近《さいきん》また体が大きくなったみたいだ。肩《かた》にも腕《うで》にも筋肉《きんにく》がついて、大きく盛《も》りあがっている。クラブでは、年齢《ねんれい》や体格《たいかく》ごとにチームが分かれてしまうので、マイケルとボビーがいっしょに練習することは少なくなってきた。それでも、ボビーが活躍《かつやく》しているのはわかる。はなれたコートからボビーの声と歓声《かんせい》が聞こえてくると、マイケルの胸《むね》も高鳴った。

ボビーは、マイケルの先をまっしぐらに進んでいる。

となりの席《せき》に座《すわ》ったマイケルを見て、ボビーは口の端《はし》を持ちあげた。

「今日《きょう》もおれの勝つところをしっかり見ておけよ、マイケル」

いたずらっこのような目でマイケルを見る。

「ボビーのチームが勝つとはかぎらないよ」

「おれに勝てるチームがあるはずないだろ」

おでこをつつかれた。

「いたっ……」

「ちょっと、ボビー、乱暴《らんぼう》はやめなさいよ」

姉のエミリーが、マイケルをかばうように立ちはだかる。

「うるさいなあ、エミリーは。そこどけよ」

「いやよ。マイケルにあやまりなさい」

「どけってば」

ボビーがエミリーを手ではらう。エミリーがよろけたすきに、ボビーは玄関《げんかん》に向かって走りだした。

「先行ってるぜ、マイケル。あばよ」

ボビーは、エミリーに舌《した》を出しながら駆《か》けていく。

「ちょっと待ちなさいよ、ボビー！」

エミリーが追いかける。

「気をつけるのよ」

母のエヴァはもう慣《な》れたものだ。どっしりとした笑顔《えがお》で二人をながめている。マイケルは、肩《かた》をすくめて笑《わら》った。エミリーとボビーは、けんかしながら遊んでいるみたいだ。去年アネが生まれて兄弟が増《ふ》えた。まだ小さくて何もわからないアネだけれど、これから同じように騒《さわ》がしくなるのだろう。

マイケルは、ミルクを飲みほして立ちあがった。

「じゃあ、ぼくも行ってきます」

「行ってらっしゃい。がんばるのよ」

マイケルはだまってうなずくと、立ちあがった。エヴァの頰《ほお》にキスをしてから、玄関《げんかん》に向かう。

肩《かた》に力を入れて息を吸《す》いこんだ。ドアを開けると、マイケルはラグビーの練習場に向かって勢《いきお》いよく走りだした。

エヴァは、外を走っていくマイケルを窓《まど》から見ていた。頬《ほお》が思わずゆるんでしまう。

今日《きょう》も、マイケルはずいぶん張《は》りきっている。あの分だと、泥《どろ》んこになって帰ってくるだろう。とても楽しみだ。

幼《おさな》いころのまま、マイケルは静《しず》かな子に育っている。はしゃぐことは少ないし、いつも一歩引いてみんなの後から行動する。はがゆいくらいひかえめでやさしい。この間も、ずいぶん早い時間に突然《とつぜん》家に帰ってきた。どうしたのかとたずねたエヴァに、マイケルはぽつりと言った。

「クラスの子がけんかしてたんだ」

「え？　それで帰ってきちゃったの？」

マイケルはうつむいた。

「ぼく、けんかはきらいだ。見たくないんだ」

エヴァは、マイケルの頭をそっと抱《だ》きしめた。争《あらそ》いごとは見るのもいやで、家に帰ってきてしまう。それくらいやさしい子なのだ。マイケルは、もっとわがままになっていい。みんなを押《お》しのけてやりたいことをしていいのに。エヴァはいつもそう思っていた。

ラグビーを始めたときも、今までと同じだと思っていた。ひかえめに遠慮《えんりょ》しながら取り組むにちがいない。けれど、エヴァの予想ははずれた。ボールを持ったとたん、マイケルの目の色が変《か》わったのだ。見えないスイッチが入ったかのようだった。小さな体がボールを持ってグラウンドを駆《か》けぬける。

だれにもボールはわたさない。このボールは自分のものだ。

マイケルは体全体でさけんでいた。エヴァはおどろいた。そして、うれしくなった。いつもの物静《ものしず》かなマイケルとはちがう。こんなに生き生きとしている姿《すがた》を見たのは初《はじ》めてだ。

ラグビーはマイケルの新しい部分を引き出してくれるのではないか。

エヴァの胸《むね》は高鳴った。

八歳《さい》になった今でもマイケルのラグビーへの情熱《じょうねつ》は冷《さ》めていない。むしろ、どんどん大きくふくらんでいくようだ。一週間に一度のラグビーの練習日が待ちきれず、そわそわしている。そんな息子の姿《すがた》を見るのが、エヴァは何よりも楽しみだった。

あの甘《あま》えん坊《ぼう》のマイケルが、ラグビーに熱中《ねっちゅう》するようになるなんてほんとに信《しん》じられないわ。
エヴァはほほ笑《え》みながら、泣《な》き声《ごえ》が聞こえだした
アネのいる部屋へと歩きはじめた。

マイケルと妹のアネ

(3) 初《はじ》めての友達《ともだち》

その日、クラブに行ったマイケルは一人の男の子に出会った。黒い髪《かみ》をした目の大きな少年だ。初《はじ》めて見るのに、なんだかなつかしい気がする。

だれだろう。どこかで会っただろうか？

なぜか気になってたまらなかった。マイケルは、吸《す》いよせられるようにその男の子を何度も見つめてしまった。

練習が始まる時間になると、男の子はコーチといっしょにみんなの前に立った。

「みんな、ちょっとこっちを見てくれ。彼《かれ》は、ニコラス・イーリー、八歳《さい》だ。今日《きょう》からみんなといっしょに練習をすることになった。よろしくな」

「よろしくお願いします！」

元気な声を出すと、男の子は勢《いきお》いよく頭を下げた。顔を上げたひょうしにその大きな目がマイケルの目とぶつかった。男の子の白い歯がこぼれる。マイケルもつられてほほ笑《え》んだ。

そして、びっくりした。初《はじ》めて会う人と目を合わせて笑《わら》いあうなんて、自分じゃないみたいだ。

あいさつが終わると、ニコラスは、走るようにしてマイケルのそばに来た。

「ねえ、きみ、なんていう名前？」

目が輝《かがや》いている。

「マイケル……マイケル・リーチだ」

「ふーん、何歳《さい》？」

「八歳《さい》だよ」

「ぼくと同じ年だ。よしマイケル。友達《ともだち》になろう。ぼくのことはニックって呼《よ》んでくれ」

よろしく、と言ってニックが右手を差《さ》しだした。マイケルが手を握《にぎ》ると、すごい力で握《にぎ》り返《かえ》してくる。

「おい、痛《いた》いよ」

「そうかい？　これがぼくのふつうの力だけど」

握《にぎ》り返《かえ》そうとしたら、するりと手をはなされた。

「これからよろしくな、マイケル」

人なつこい笑顔《えがお》でニックがマイケルを見る。

「うん、よろしく」

マイケルが笑《わら》い返《かえ》したときだ。

「おれはボビー。よろしく」

いつの間に来たのか、ボビーがマイケルの後ろから手を出している。目を丸くしているニックに、マイケルは説明《せつめい》しなければならなかった。

「ボビーは、ぼくの兄さんなんだ」

「そうなの？　よろしく」

「おう。マイケルをたのむ。こいつがこんなにリラックスして笑《わら》うなんて初《はじ》めてだ」

勢《いきお》いよく握手《あくしゅ》をすると、ボビーはあっという間にはなれていった。もう向こうのグラウンドでボールを抱《かか》えている。

「なんかすごいな、きみの兄さん」

「うん、よく言われる」

「かっこいいな」

「うん。それもよく言われる」

ニックがふき出した。マイケルも笑《わら》ってしまう。ボビーの言う通りだ。ニックの前ではまったく緊張《きんちょう》しない。いつものはにかみ屋の自分とはちがう自分がいる。

「おーい、そこの二人。何してるんだ。練習が始まるぞ」

コーチの声に、二人は顔を見合わせた。

「行こう」

「うん」

グラウンドに向かって走りだす。足元で緑の地面がザッ……ザッ……と音をたてた。マイケルの心の中に、温《あたた》かな空気が広がっていくようだった。

マイケルとニックは、あっという間に仲《なか》よくなった。性格《せいかく》はずいぶんちがうのに、びっくりするくらい気が合った。

ニックは、太陽に向かってまっすぐ伸《の》びていくひまわりのような少年だった。何に対しても目をきらきらさせて、一生懸命《いっしょうけんめい》取り組む。ひるんだり、ためらったりすることはほとんどない。マイケルは、そこに強く引きつけられた。そして何より、ニックもマイケルに負けないくらいラグビーへの情熱《じょうねつ》が大きかったのだ。

「マイケル、行くぞ」

ニックがコートに入る。

「おう」

マイケルが後を追う。ニックが走りだすと、風の流れが見えるような気がする。

ニックのラグビーは、きれいだった。相手のボールをうばい、胸《むね》に抱《かか》えて走る。むだのない動きだ。マイケルがおどろいたのは、ニックのパスだ。ラグビーでは、前にパス（throw《スロウ》 forward《フォワード》）することは反則《はんそく》の一つとされている。プレイヤーはもちろんわかってはいる。でも、試合《しあい》に熱中《ねっちゅう》していると、思わず前にパスをしてしまうことがあるのだ。けれど、ニックのパスが前にいくことはなかった。横、または後ろを走っているマイケルに、正確《せいかく》なパスが何回も来た。腕《うで》の中に吸《す》いこまれるようにボールが飛《と》んでくる。

こいつはすごいやつだ。

マイケルは、心の中でつぶやいていた。

そう思ったのは、ニックのほうも同じだった。ふだんは静《しず》かではにかみ屋のマイケルが、ラグビーになると目の色が変《か》わる。まるで野生の動物のように力強くボールを追いかけ、決してあきらめない。ニックは、その姿《すがた》に見とれてしまう。ニックにはない強さが、マイケルのラグビーにはあった。

二人は、お互《たが》いのプレイを認《みと》めあいながら、自分の力を伸《の》ばしていった。

クラブの中でメンバーは、年齢《ねんれい》や体格《たいかく》でいくつかのチームに分けられる。それらのチームどうしで試合《しあい》を重ね、勝ちあがったチームが他のラグビークラブのチームと対戦《たいせん》するのだ。そこで勝ち進むと、カンタベリー州の代表としてもっと大きな試合《しあい》に出ることができる。二人は、競《きそ》いあいながら勝ち進んでいった。

ふだんの生活でも、マイケルとニックはいっしょにいることが多くなった。ラグビーの練習後は、たいていどちらかの家で遊ぶ。マイケルにとって、ニックは初《はじ》めてできた友人だった。

「マイケル、うちに寄《よ》っていかないか？　いっしょにゲームしようよ」

その日もニックが練習後、着替《きが》えながらマイケルに声をかけてきた。

「うん」

「夕食も食べていけよ。今日《きょう》の夕食はカツなんだ」

「カツ？」

「日本の食べ物だよ。いっしょに食べよう」

「わかった」

うなずいたものの、マイケルはカツというのがどういう食べ物なのかまったくわからなかった。きっと、ニックがこう言ってくれるくらいだ。おいしい食べ物にちがいない。マイケルは、ニックといっしょに家まで走った。


「あら、マイケル。いらっしゃい」

ニックの家に行くと、母親のみゆきさんが笑顔《えがお》で迎《むか》えてくれた。黒い髪《かみ》に黒い瞳《ひとみ》、みゆきさんは日本人だ。

「お母さん、今日《きょう》の夕食、マイケルの分もたのむね」

「はいはい」

みゆきさんが笑《わら》いながらうなずく。ニックと同じ黒い髪《かみ》が、さらさらゆれた。ニックの父マークさんは、ニュージーランドの人だ。

「ニック、きみのお父さんとお母さんはどうやって知り合ったの？」

マイケルがたずねると、ニックは母親譲《ゆず》りの黒い目をぱちぱちさせた。

「お父さんは、若《わか》いころ日本に留学《りゅうがく》してたんだ」

「留学《りゅうがく》？」

「うん。二十六歳《さい》のときだったと思うよ」

ニックはマークさんのことを話しはじめた。ニュージーランド生まれのマークさんは、ラグビーの優《すぐ》れた選手《せんしゅ》だった。二十六歳《さい》のときに、日本の札幌《さっぽろ》にラグビーの関係《かんけい》で行き、その後北海道大学の研修生《けんしゅうせい》になった。そのとき、北海道バーバリアンズというラグビーチームの設立《せつりつ》に大きく関《かか》わった。そのころ、札幌《さっぽろ》には、ニュージーランドのラグビーを知っている人がまったくいなかった。みんな本場のラグビーがどういうものか知らずにプレイしていたのだ。マークさんはおどろいた。このままでは、ラグビーがちがった形で伝《つた》わってしまう。マークさんは、札幌《さっぽろ》で本場のラグビーを紹介《しょうかい》しはじめた。根気よく一つずつ紹介《しょうかい》していったおかげで、ラグビーを理解《りかい》してくれる人の数が増《ふ》えていった。このことで、バーバリアンズは力のあるチームとして成長《せいちょう》していった。マークさんは、日本でみゆきさんと知り合い結婚《けっこん》して、三人の男の子が生まれた。二番目の子がニックなのだ。

「そうだったのか」

ニックの流れるようなプレイは、マークさんの影響《えいきょう》によるものにちがいない。マイケルは、初《はじ》めて理解《りかい》できたような気がした。

「お母さんの両親は、今も日本に住んでいる。だから、日本はぼくの第二のふるさとなんだ」

「へえ」

ニックの家には、日本のものがたくさんあった。それまで見たこともない日本語の本やおもちゃ、日本人形などの置物《おきもの》に、マイケルは目を見張《みは》ってしまう。マイケルの家にも、母の出身地フィジーのものと父の出身地ニュージーランドのものが混在《こんざい》している。同じように、ニックの家には、ニュージーランドのものと日本のものがある。異《こと》なる国と国どうしのものがいっしょにとけこんでいるのを見るのは不思議《ふしぎ》で楽しかった。

「二人とも、ごはんよ」

「はーい。行こうぜ、マイケル」

「うん」

二人は、急いで立ちあがった。


「ほら、これがカツだよ」

マイケルは、目を丸くした。茶色い衣《ころも》のついたものが皿の上で湯気《ゆげ》をたてている。

「マイケル、食べてみろよ。おいしいよ」

「うん。いただきます」

「いただきます」という言葉もニックの家でおぼえたものだ。ナイフとフォークを手にとる。

口に運んでから、「うん。うまい」と思わず声が出た。

「うまいだろ。これが日本のカツだよ」

「たくさん食べてね」

ニックのそばでみゆきさんがほほ笑《え》んでいる。

「はい。ありがとうございます」

「マイケルは、本当に礼儀《れいぎ》正《ただ》しいわね」

「いえ、そんなことありません」

「うちは男の子三人兄弟だから、元気がよすぎるの。マイケルは何人兄弟だったかしら」

「うちは四人です。男二人に女二人です」

「じゃあ、マイケルのうちもにぎやかね」

「はい」

みゆきさんがうちの兄弟を見たらおどろくだろうと、マイケルは思った。とくにボビーを見たら、ひっくり返るかもしれない。ニックの家の兄弟全員をあわせても、ボビー一人の騒《さわ》がしさには勝てないだろう。マイケルは、笑《わら》いをかみ殺《ころ》した。

「マイケル、そんなにおいしい？　ほら、もっと食べてね」

みゆきさんが、にっこりとほほ笑《え》んだ。

みゆきさんは、それからもときどきマイケルに日本食をごちそうしてくれた。そばやおにぎり、焼《や》き魚《ざかな》はマイケルの大好物《だいこうぶつ》になった。

食事が終わると、コンピューターゲームをするのが二人の日課《にっか》だった。もちろん、ラグビーのゲームだ。

「じゃあ、じゃんけんいくよ」

ニックが張《は》りきった声を出す。このゲームは、キーボードとジョイスティックで参加《さんか》できるのだが、キーボードのほうがやりやすい。そこで、二人はいつもどちらがキーボードを使うのかを、じゃんけんで決めているのだ。

「じゃんけん、ぽん！」

「うわ、ぼくの負けだ」

ニックが肩《かた》を落とす。

「じゃあ、ぼくはキーボードで」

「よし、負けるもんか」

二人は、ゲームでも闘志《とうし》を燃《も》やしていた。

ほかにも、いろいろなことをいっしょにやった。真夜中にウナギ釣《つ》りに出かけたこともあるし、マイケルの家にあるリンゴの木から腐《くさ》ったリンゴをもいで、投げて遊んだこともある。何をやっても、二人だと楽しかった。でも、いちばん楽しかったのは、ラグビーをしているときだ。二人は、着実に力をつけていった。

十歳《さい》のとき、マイケルはボビーといっしょにバーンサイド・ラグビークラブからベルファスト・ラグビークラブ（Belfast Rugby club）に籍《せき》を移《うつ》した。カンタベリー代表チームにはベルファストの選手《せんしゅ》が多かったため、マイケルもそのクラブで活動をしたいと思ったのだ。ニックは、そのままバーンサイドに残《のこ》った。クラブは分かれることになったが、二人の仲《なか》のよさはそれからも変《か》わらなかった。

13歳《さい》のマイケル

(4) 進学

マイケルは、十四歳《さい》になった。いつものようにニックの家で話をしていたときだ。ニックの父親マークさんが、マイケルに声をかけてきた。

「マイケル、進む学校は決まったかい?」

「はい。クライストチャーチ・ボーイズ・ハイスクール(Christchurch boys high school)に入学しようかと思っています」

ニュージーランドの学校制度《せいど》は日本とは異《こと》なり、十四歳《さい》でセカンダリースクールという日本の高校にあたる学校に進むことになる。高校に進むと、それまで所属《しょぞく》していたクラブを抜《ぬ》け、高校のラグビーチームに入ることになるのだ。

「ああ、あそこか。ダン・カーター(Dan Carter)の出身校だね」

ダンは、ニュージーランド代表チーム、オールブラックスのメンバーだった。マイケルのあこがれの選手《せんしゅ》の一人だ。

「はい。あの学校は、ラグビーに力を入れていますから」

「そうか。マイケルは、クライストチャーチ・ボーイズ・ハイスクールに行くのか」

ニックが、ジュースをわたしてくれながらつぶやいた。

「うん。あそこなら、思いっきりラグビーに打ちこめると思うんだ。きみはどうするんだ、ニック？」

「ぼくは、セント・ビーズ（St Bede's college）に行こうと思う」

「ほんとかい？　あそこも強い学校だよな」

マイケルは、ジュースを持つ手に力を入れてしまった。セント・ビーズ・カレッジは、クライストチャーチ・ボーイズ・ハイスクールと同じくらい、ラグビーで有名な高校だ。オールブラックスの選手《せんしゅ》も数多く卒業《そつぎょう》している。

「よかったな、ニック」

ほほ笑《え》みながらニックの肩《かた》をたたいた。ニックは、ジュースのグラスをテーブルにおいた。

マイケルのほうを向く。

「マイケル、いっしょに行かないか？」

「え?」

「セント・ビーズ・カレッジだよ。いっしょに行かないか」

「突然《とつぜん》、そんなことを言われても」

「いっしょに学校に行って、いっしょにラグビーをしよう」

その言葉に、マイケルの心が動いた。クライストチャーチ・ボーイズ・ハイスクールに行こうと思ったのは、ラグビーが強い学校だからだ。セント・ビーズ・カレッジも強豪校《きょうごうこう》だ。家からも近い。そして、何よりニックがいる。ニックといっしょにラグビーに打ちこむことができたら、どんなに楽しいだろう。

「マイケル、もしきみがセント・ビーズ・カレッジに行くつもりがあるなら、わたしが推薦《すいせん》しよう」

マイケルが顔を上げると、マークさんがほほ笑《え》みながらうなずいていた。マイケルの心が決まった。

「お願《ねが》いします」

マイケルが言ったとたん、横でさけび声があがった。

「やったー!」
ニックがガッツポーズで、天井《てんじょう》を見上げていた。

セント・ビーズ・カレッジには、クライストチャーチ最大《さいだい》の二十二ヘクタール以上《いじょう》の校舎《こうしゃ》があり、サッカーやテニス、ホッケーのコートやプールが備《そな》えられていた。とくにラグビー場は五つもあり、のびのびと練習できる環境《かんきょう》が整っていた。マイケルは、ここでニックとともに練習に励《はげ》むことになった。

透《す》き通《とお》った青空に、綿菓子《わたがし》のような雲が浮《う》かんでいる。ニュージーランドらしいさわやかな天気だ。この日、高校ラグビーの試合《しあい》が、地元で行われていた。選手《せんしゅ》として出場するニックとマイケルの応援《おうえん》に、マークさんとマイケルの父ジェフが来ていた。
試合《しあい》は接戦《せっせん》だった。マイケルとニックは、息の合ったプレイを展開《てんかい》していた。セント・ビーズが、優勢《ゆうせい》になってきたときだ。マークさんが目を見張《みは》る出来事が起きた。タックルを受けたマイケルが、グラウンドに倒《たお》れたときのことだ。そこに相手の選手《せんしゅ》が走りこんできた。

そして、マイケルの頭を踏《ふ》みつけたのだ。選手《せんしゅ》は、そのまま走り去っていった。マークさんは、思わず立ちあがった。

「なんてひどいことをするんだ！　反則《はんそく》だ！　審判《しんぱん》は見ていなかったのか」

となりで、ジェフは何も言わずにマイケルを見つめている。

「ジェフ、今のを見たかい？　ひどすぎる。抗議《こうぎ》しよう」

「だいじょうぶだ」

「え？」

マークさんは、耳を疑《うたが》った。マイケルは、グラウンドに倒《たお》れたまま動かない。

「息子はだいじょうぶだ」

「でも……」

マークさんがつぶやいたとき、マイケルがゆっくりと立ちあがるのが見えた。めまいがするのか、頭を軽くふっている。ニックが近づいていく。二人は一言二言話をすると、またボールに向かって走りだした。あのようすなら、だいじょうぶそうだ。マークさんは、ほっと息をはきながら腰《こし》を下ろした。ジェフは、静《しず》かな目をしてマイケルを見つめている。深い湖のような目だ。そういえば、この人が慌《あわ》てふためいたり、いらだったりしている姿《すがた》を見たことがない。マイケルはこの父親にそっくりだ。彼《かれ》の湖に映《うつ》っているのは、どんな景色《けしき》なのだろう。もしかしたら、ジェフやマイケルにしか見えない特別《とくべつ》な景色《けしき》なのかもしれない。

マークさんは、背筋《せすじ》を伸《の》ばしてグラウンドに目を向けた。マイケルとニックが、ボールに向かって懸命《けんめい》に走っている。二人の姿《すがた》がマークさんの目に強くしみこむようだった。


そのころ、マイケルの家に変化《へんか》が訪《おとず》れた。日本人の留学生《りゅうがくせい》が数人、自宅《じたく》にホームステイするようになったのだ。マイケルの家に来ているラグビー留学生《りゅうがくせい》だった。彼《かれ》らは、マイケルより少し年上の十七歳《さい》から十八歳《さい》で、日本では高校二年生だという話だった。みんなセント・ビーズ一軍で活躍《かつやく》していた。素早《すばや》い動きと正確《せいかく》なパスに、マイケルは目をうばわれた。


「どうしてそんなにうまいんですか?」

マイケルが質問《しつもん》すると、留学生《りゅうがくせい》の一人が答えた。

「人一倍練習してるからね」

「マイケルも一度日本に来てやってみるといいよ」

マイケルは、目をぱちぱちさせた。日本に行ったら、自分もこの人たちのように強くなれるんだろうか。今までもニックの家で、日本について見たり聞いたりしていてなじみがあったが、ますます日本に親しみをおぼえた。留学生《りゅうがくせい》たちは、日本のようすや今流行《はや》っていることも教えてくれた。それを聞いていると、日本に対しての興味《きょうみ》がどんどん深くなっていった。

マイケルは、学校でも日本に関係《かんけい》のあるものに積極的《せっきょくてき》に取り組んだ。フランス語、マオリ語、日本語の中から一つ選《えら》ぶ選択授業《せんたくじゅぎょう》では迷《まよ》わず日本語を選《えら》び、日常《にちじょう》会話のほかに、ひらがなや箸《はし》の使い方などを学んだ。

留学生《りゅうがくせい》のホームステイは二週間から四週間という短い期間だったが、マイケルは楽しかった。

日本というのは、どんな国なんだろう。いつか行ってみたい。

そんな思いが、マイケルの中で大きくふくらんでいった。

二月のある日のことだ。ニュージーランドは、夏の真《ま》っ盛《さか》りだった。太陽が照《て》りつけるなか、ニックがにこにこしながら近づいてきた。

「マイケル、ぼく、来月日本に行ってくるよ」

「わかった」

マイケルは、とくにおどろかなかった。日本で生まれたニックは、祖父母《そふぼ》が札幌《さっぽろ》にいるため、それまで何度も日本に行っていたからだ。

「それで、いつ帰ってくるんだ？」

「九月になるかな」

「九月？」

半年も先だ。マイケルは、ニックを見つめた。黒い髪《かみ》が夏の日差《ひざ》しを受けてぬれたように光っている。

「うん。留学《りゅうがく》するんだ、ぼく」

「留学《りゅうがく》？　どこに？」

「札幌《さっぽろ》の山《やま》の手《て》高校っていうところだよ。ほら、セント・ビーズにも、そこから何人か来ているだろ。ラグビーの交換留学生《こうかんりゅうがくせい》で行ってくる」

「留学《りゅうがく》か……」

日本語がうまいニックのことだ。札幌《さっぽろ》の高校に行っても、困《こま》ることはないだろう。日本でたくさんのことを吸収《きゅうしゅう》して帰ってくるはずだ。マイケルの心に、急にさびしさがこみあげてきた。半年の間、ニックに会えないのか。

「がんばってくるよ」

ニックは、いつものように目を輝《かがや》かせている。マイケルは、さびしさをのみこんで笑顔《えがお》をつくった。

「うん。がんばってきてくれ。帰ってくるのを待ってる」

ニックは、何か考えるように少しの間言葉を切った。それから、顔を上げた。

「行ってくる。連絡《れんらく》するからな、マイケル」

「わかった」

「絶対連絡《ぜったいれんらく》するから」

「わかったよ。しつこいな」

笑《わら》いながら、マイケルはニックの肩《かた》をたたいた。ニックは何か言いかけて、やめた。マイケルの肩《かた》に手を回す。

「じゃあ、練習に行くか」

「おう」

見上げると、目が痛《いた》くなるほど青い空が広がっていた。


三月に入ってニックは日本に旅立っていった。マイケルは、それまでにもまして練習に力を入れた。気持ちを紛《まぎ》らわせるためというより、ニックが帰ってきたときに、はずかしい姿《すがた》を見せたくないという思いが強かったのだ。

はなれているニックが、マイケルをつき動かしているようだった。


教室で授業《じゅぎょう》が始まる前のことだ。先生が、クラスのみんなを見回した。

「今日《きょう》は、みなさんに話があります。ラグビーの交換留学生《こうかんりゅうがくせい》として、今ニコラスが山《やま》の手《て》高校に行っていますが、もう一人この学校から留学生《りゅうがくせい》を送ることになりました」

マイケルの心臓《しんぞう》が大きな音をたてた。

「この中で、行ってみたいと思う人はいますか？」

迷《まよ》いはなかった。マイケルは、まっすぐに手をあげた。教室の中では、数人の生徒《せいと》が手をあげているのが見えた。先生が名前をチェックしながらうなずく。

「わかりました。決まったら、連絡《れんらく》します」

そして授業《じゅぎょう》が始まった。マイケルは、自分の手を見つめた。手をあげたものの、日本に行けるはずがないと思った。ニックとちがって、自分は日本に親戚《しんせき》も知り合いもいない。日本語だって、学びはじめたばかりだ。日本にあこがれる気持ちは、きっとだれよりも強い。でも、自分は日本との接点《せってん》が少なすぎる。ニュージーランドから飛行機《ひこうき》で最短《さいたん》でも二十時間以《い》上《じょう》かかる国。日本は遠い国だ。ニックの人なつこい笑顔《えがお》が目に浮《う》かぶ。連絡《れんらく》をくれるといったくせに、一週間たってもニックからはまだなんの知らせもない。今ごろ日本でどんな人と会い、どんな毎日を送っているのだろう。

ニック、日本はどうだい？　山《やま》の手《て》高校のラグビーは、どんな感じだ？

突然《とつぜん》、マイケルの中に突《つ》きあげるような思いがこみあげてきた。

日本に行きたい。行ってみたい。

マイケルは、両手を握《にぎ》りしめた。手の中が熱《あつ》い。強い思いが、手の中に集まって発光しているような気がした。

数日後、マイケルは先生から連絡《れんらく》を受けた。

「日本への留学《りゅうがく》はきみに決まったよ、マイケル」

マイケルは、声を出すことができなかった。

「出発は六月になる。それまでに準備《じゅんび》をしておくように」

先生の声が、どこか遠くで聞こえるようだった。

日本に行ける……。自分が、本当にあの遠い国日本に行くことができるのか。

マイケルは、夢《ゆめ》を見ているような気がした。みんなが自分をからかっているように思えてならない。浮《う》かれるな。かんたんに信《しん》じたら悲しい思いをする。マイケルは、自分に必死《ひっし》に言いきかせていた。

その知らせが本当だと知ったのは、ニックからの国際《こくさい》電話が来たときだった。

「マイケル、おめでとう」

受話器《じゅわき》を取るなり、ニックの声が耳に飛《と》びこんできた。

「ニック……」

「どうした？　もう聞いたんだろ、日本に来るのがマイケルに決まったって。こっちできかれたんだよ。ラグビー選手《せんしゅ》で強いやつを知らないか。いたら、山《やま》の手《て》高校に呼《よ》びたいって。だから、マイケルの名前を出しておいた」

マイケルは言葉が出せなかった。ニックが推薦《すいせん》してくれたのか。

「来るのは六月だよな。日本は、そのころいい季節《きせつ》だよ。待ってるから早く来いよ」

マイケルは、受話器《じゅわき》を握《にぎ》りしめた。

「おい、マイケル聞こえてるか？」

ニックの声にうなずきながら、マイケルは受話器《じゅわき》を持つ手に力を入れた。

マイケルから留学《りゅうがく》の話を聞いたエヴァは、笑《わら》いとばした。

「何ばかなこと言ってるのよ、マイケル。冗談《じょうだん》はやめて」

「……うん。ぼくもまだ信《しん》じられないんだけど」

マイケルが、困《こま》ったように笑《え》みを浮《う》かべる。エヴァの顔から笑《え》みが消えた。

「だって、マイケル。日本は遠い国よ」

「うん」

「お金だってかかるでしょう?」

「それは学校のほうで出してくれるみたい」

「本当なの、マイケル……」

「うん」

エヴァは、つばをのみこんだ。マイケルがこんなことを言いだすなんて、思ってもいなかった。このままニュージーランドの学校でラグビーをつづけて、ニュージーランドのチームに入るものだと思っていた。

「ぼく行ってみたいんだ」

マイケルは、まっすぐエヴァを見つめている。エヴァは、息を吸《す》いこんだ。この子がこんな目をするときは、もう決めているのだ。だれが何と言っても、マイケルの気持ちは変《か》わらないだろう。エヴァは、口元に力を入れた。

「わかったわ、マイケル。行ってらっしゃい」

マイケルの顔がぱっと輝《かがや》いた。

「ありがとう、ママ」

マイケルがエヴァを抱《だ》きしめた。エヴァは、マイケルの背中《せなか》を軽くたたく。マイケルは大きくなった。あの甘《あま》えん坊《ぼう》のマイケルが、自分からはなれて遠い国に行きたいと言いだすなんて、夢《ゆめ》を見ているようだ。さびしくなるけれど、少しの間がまんしなくては。少しの間だけなのだから……。エヴァは自分に言いきかせていた。

まさか、それから何年もマイケルに会えなくなるとは、エヴァは思いもしなかった。

セント・ビーズ・カレッジ

(5) 日本へ

WE LOVE RUGBY

「ずいぶん遅《おそ》いな……」

新千歳《しんちとせ》空港で、佐藤幹夫《さとうみきお》先生は首をかしげていた。

「そうですね。さっきの便《びん》で着いているはずなんですが」

となりで、黒田《くろだ》先生があたりを見回しながらつぶやいた。伊藤《いとう》先生も、さっきから目を皿のようにして到着口《とうちゃくぐち》を見つめている。三人は、札幌《さっぽろ》にある山《やま》の手《て》高校の教師《きょうし》だ。

佐藤幹夫《さとうみきお》先生はラグビー部の監督《かんとく》、黒田《くろだ》先生と伊藤《いとう》先生はコーチをしている。三人は、今日《きょう》ニュージーランドから来る少年を迎《むか》えに来ているのだ。セント・ビーズ・カレッジから来るラグビーの交換留学生《こうかんりゅうがくせい》、十五歳《さい》のマイケル・リーチだ。

到着口《とうちゃくぐち》で三人は首を長くして待ちかまえていた。けれど、それらしき人物が見当たらない。

「日にちをまちがえたのかな」

「まさか。何度も確認《かくにん》していますよ」

「そうだよなあ」
「ちょっとあっちを見てきます」
黒田《くろだ》先生が、別《べつ》のゲートに向かって走っていった。幹夫《みきお》先生は、もう一度あたりを見回した。

三人が勤《つと》める山《やま》の手《て》高校は、スポーツがさかんな学校だ。ラグビーはとくに有名で、全国に名前の知れた強豪校《きょうごうこう》の一つだ。ラグビーの甲子園《こうしえん》といわれる全国高校ラグビー大会（通称花園《つうしょうはなぞの》）への出場常連校《じょうれんこう》となっている。ラグビーに取り組むために、毎年全国からたくさんの若者《わかもの》が山《やま》の手《て》高校をめざしてやってくる。ラグビーをする人たちにとってあこがれの学校なのだ。

ここまで来るために、幹夫《みきお》先生たちは大きな山をいくつも越《こ》えてきた。幹夫《みきお》先生がラグビー部を設立《せつりつ》させたのは、一九八八年のことだ。そのころの学校は、今とはまったくちがっていた。

当時、山《やま》の手《て》高校は荒《あ》れた学校だった。ワルとよばれるような生徒《せいと》たちがたくさん通っていたのだ。入学はしたものの、勉強にもスポーツにも取り組まず、部活動にも参加《さんか》しないまま高校をやめていく生徒《せいと》が、数多くいた。幹夫《みきお》先生は、そんな姿《すがた》を見るたびに唇《くちびる》をかみ、腕《うで》を組んだ。

打ちこめる何かがあったら、生徒《せいと》たちは変《か》わるのではないか。学校をやめようとは思わなくなるのではないか。彼《かれ》らが思いきり体を動かし、全力で取り組めるものが、何かないだろうか。

そう考えたとき思いうかんだのが、先生が学生時代に取り組んでいたラグビーだった。これだ、と思った。思い立ったらすぐに実行に移《うつ》さずにはいられないのが幹夫《みきお》先生だ。先生は、さっそく校長室のドアをたたいた。

「校長先生、ラグビー部をつくりたいんですが」

幹夫《みきお》先生の突然《とつぜん》の言葉に、校長先生は渋《しぶ》い顔をした。

「ラグビー？　あまり流行《はや》らないスポーツですね。やる子がいるとは思えませんが……。それに、そもそもうちの学校にラグビー用の施設《しせつ》はありませんよ」

幹夫《みきお》先生は、あきらめなかった。

「いいえ、校長先生。施設《しせつ》なんて必要《ひつよう》ありません。グラウンドがなくてもだいじょうぶです。ボールさえあれば、そこらへんの公園でもできるスポーツなんです。ぜひ、ラグビー部を設《せつ》立《りつ》させてください」

そう言って、校長先生を説得《せっとく》したのだ。今思い出すと、自分でもよくそんなことを言ったものだと幹夫《みきお》先生は笑《わら》ってしまう。ラグビーを公園でするなんて、まったくのでたらめだ。本来なら、緑の芝生《しばふ》が敷《し》きつめられた広々としたコートでプレイするものだ。でも、そんなことを言ったら、永遠《えいえん》にラグビー部なんてつくることができない。

そんな幹夫《みきお》先生の言葉に、校長先生はうなずいたのだ。

「公園でもできるんですか？　知りませんでした。それならいいかもしれませんね。部の顧《こ》問《もん》は、幹夫《みきお》先生がやってくださるんですね」

「はい！　もちろんです」

先生は、大きくうなずいた。

「では、職員会議《しょくいんかいぎ》にかけてみましょう」

「ありがとうございます！」

こうして、ラグビー部が誕生《たんじょう》した。部ができたところまではよかったが、その活動がたいへんだった。なにしろ、いろいろな生徒《せいと》がいたのだ。非行《ひこう》の道に走り酒のにおいをさせながら練習に来る子、すてばちな毎日を送り、よどんだ目で練習に来る子……なかには、刃物《はもの》をちらつかせながら先生にすごみをきかせてくる子もいた。けれど、先生がひるんだことは一度もなかった。どの子にも、体当たりで接《せっ》してきた。学校に来なくなった子には、家まで行って話をした。

「人生やめるか。それとも、ラグビーをするか。どちらかに決めろ！」

そんな言葉で生徒《せいと》にせまったこともある。ラグビーの力と生徒《せいと》たちの生きる力を信《しん》じていたから言えた言葉だった。その選択《せんたく》を前にして、子どもたちは初《はじ》めて自分自身と向きあうことになり、多くがラグビーの道のほうを選《えら》んできた。

今までたくさんの生徒《せいと》が、ラグビーに接《せっ》して変《か》わっていった。体がバラバラになりそうなほどのきびしい練習が毎日つづく。汗《あせ》だくになりながらボールを追いかけているうちに、目が輝《かがや》きはじめ、言葉に力がこもってくる。生きる力を取りもどしていくのだ。そんな生徒《せいと》たちの姿《すがた》を、先生は長年見つづけてきた。

先生の熱意《ねつい》にこたえるように生徒《せいと》たちはラグビーに打ちこみ、それにつれて山《やま》の手《て》高校のラグビー部はめきめきと力をつけていった。荒《あ》れた高校といわれたことが、今ではうそのように落ちついている。そして今回、花園《はなぞの》出場の成果《せいか》もあって、ニュージーランドの学校と山《やま》の手《て》高校の生徒《せいと》たちが、ラグビーの交換留学《こうかんりゅうがく》をすることになったのだ。

先生は、腕組《うでぐ》みをして空港内を見わたした。留学生《りゅうがくせい》のマイケルは、三か月前に山《やま》の手《て》高校に来た留学生《りゅうがくせい》、ニックの紹介《しょうかい》だった。彼《かれ》とは幼《おさな》なじみで同級生らしい。ニュージーランドではずいぶん活躍《かつやく》している選手《せんしゅ》だという。本人の写真は見ていないが、体も大きくたくましい少年だろう。これからの山《やま》の手《て》高校ラグビー部を引っぱっていく存在《そんざい》になってくれるはずだ。

幹夫《みきお》先生の期待がふくらんでいた。

それにしても遅《おそ》い。

幹夫《みきお》先生は時計と到着口《とうちゃくぐち》を交互《こうご》にながめて、もう一度首をひねった。

そのころ、マイケルは新千歳《しんちとせ》空港で途方《とほう》にくれていた。ニュージーランドから二十時間以《い》上《じょう》かけてようやく日本にたどりついたというのに、迎《むか》えに来てくれるはずの人が見当たらない。それでなくても、日本に来るのは初《はじ》めてで不安《ふあん》で胸《むね》がはちきれそうなのだ。まさか迎《むか》えの人がいないなんて、マイケルは考えもしなかった。

たしか、山《やま》の手《て》高校からラグビー部の先生が来てくれるはずだ。

マイケルは、背中《せなか》のリュックを背負《せお》いなおして、もう一度あたりを見回した。楽しそうに笑《わら》う家族《かぞく》連れ、カップル、友達《ともだち》どうし……。みんな自分に目もくれずに通《とお》り過《す》ぎていく。日本に着いてまず思ったのは、なんて人が多いのだろう、ということだ。こんなにたくさん人がいるのに、自分が知っている人は一人もいない。それは、ふるえが来るくらい心細いことだった。母の顔が目に浮《う》かぶ。日本に行くと告《つ》げたとき、母のエヴァは冗談《じょうだん》だと思ったらしい。

「ばかなこと言わないでよ、マイケル」

最初《さいしょ》は笑《わら》っていたエヴァの顔が、しだいにこわばってきた。そして、心配そうな顔に変《か》わった。

「本気なの、マイケル?」

「うん」

マイケルがうなずいたときの母の顔が忘《わす》れられない。期待と心配が入《い》り混《ま》じり、泣《な》きそうな顔をしていた。同じく泣《な》きそうなエミリーとふくれっつらのボビー、笑顔《えがお》で送りだしてくれたのは、末《すえ》っ子《こ》のアネだけだった。

マイケルがため息をついたときだ。一人の男の人と目が合った。彼《かれ》もだれかをさがしているようだ。一瞬《いっしゅん》マイケルを見つめてから、男の人はすっと目をそらした。

あの人でもないのか。

マイケルは、肩《かた》を落とした。

これから自分はどうしたらいいのだろう。学校に電話をかけてみたほうがいいのだろうか。それとも、何とか一人で山《やま》の手《て》高校まで行ってみようか。

マイケルが顔を上げると、さっきの男の人がマイケルのほうに向かって歩いてくるのが見えた。マイケルの体がこわばった。男の人はマイケルの前まで歩いてくると、おそるおそるという感じで声をかけてきた。

「あの、まちがえていたらすみません。もしかしたら……きみは、マイケル君？」

マイケルの顔が、ぱっと輝《かがや》いた。

「はい、そうです。ぼくは、マイケル・リーチです。こんにちは！」

マイケルは、おぼえてきた日本語であいさつした。男の人は、びっくりしたような顔で、マイケルを見つめている。頭のまわりに、クエスチョンマークが飛《と》びかっているようだった。

「あの……」

「ああ、ごめんごめん。活躍《かつやく》しているラグビー選手《せんしゅ》だって聞いてたから、もっと大きくてたくましい人を想像《そうぞう》してたんだ」

男の人は、マイケルのほうに右手を差《さ》しだした。

「ぼくは、山の手《やまのて》高校ラグビー部のコーチをしている黒田《くろだ》です。よろしく」

「よろしくお願《ねが》いします！」

マイケルは、黒田《くろだ》先生の手を握《にぎ》りしめた。

よかった。ようやく会うことができた。

マイケルの肩《かた》から力が抜《ぬ》けた。

「それにしても、くくく……」

黒田《くろだ》先生が、肩《かた》をふるわせている。

「あの……？」

「いや、ごめんごめん。きみのかっこう、まるでウォーリーだなと思ってさ」

マイケルは、ぽかんとしてしまった。

ウォーリーって、なんだ？

「ほら、絵本にあるの、知らないかな。赤と白のティーシャツを着た男の子ウォーリーを、ごちゃごちゃした絵の中からさがす『ウォーリーをさがせ！』っていう本。それに出てくるウォーリーにそっくりだ」

マイケルは、首をかしげた。そう言われてみると、今日《きょう》は赤と白のストライプのティーシャツを着ていた。よくわからないけど、黒田《くろだ》先生が言うんだから、きっと似《に》ているんだろう。でも、なぜこんなに笑《わら》われるのかわからない。

「それじゃ、さっそく行こうか。幹夫《みきお》先生があっちで待ってる」

「はい」

マイケルはうなずいて、黒田《くろだ》先生の後を追いかけた。

「きみが、マイケルか……」

マイケルを見た幹夫《みきお》先生は、目を丸くした。

「なるほど。これはわからないわけだ」

幹夫《みきお》先生は、わはは……と大きな声を出した。マイケルは、幹夫《みきお》先生たちが想像《そうぞう》していたよりずっと小柄《こがら》でスリムだったのだ。スリムといっても、当時十五歳《さい》のマイケルの身長は百七十五センチ、体重は七十五キロあった。ふつうの生徒《せいと》の中では、小柄《こがら》なほうではない。けれど、ラグビーで活躍《かつやく》する選手《せんしゅ》たちは、もっと体ががっしりとして大きい人が多いのだ。

「よし、今日《きょう》は日本に着いたばかりだから、休んだほうがいいな。練習は明日《あした》からだ」

幹夫《みきお》先生の言葉にマイケルはうなずいた。緊張《きんちょう》がとけたとたん、疲《つか》れがおおいかぶさってくるような気がしていた。


その日は、黒田《くろだ》先生といっしょに、下宿先になっている森山《もりやま》さんの家にまっすぐ向かった。

森山《もりやま》さんは、札幌《さっぽろ》市内で「七福寿司《しちふくずし》」という寿司屋《すしや》をしている。自宅《じたく》のほうにマイケルが到《とう》着《ちゃく》すると、奥《おく》さんとご主人がそろって迎《むか》えてくれた。二人もマイケルを見るなり笑顔《えがお》になった。

「彼《かれ》が、マイケル・リーチ君です。よろしくお願《ねが》いします。ほら、きみからもあいさつして」

黒田《くろだ》先生の言葉に、マイケルは頭を下げた。

「よく来たね」

「さあ、あがって、あがって」

森山《もりやま》さん夫妻《ふさい》は、いそいそとマイケルを招《まね》きいれた。

「疲《つか》れたでしょう。今日《きょう》は早く休んだほうがいいわね。部屋はここを使ってね」

奥《おく》さんが案内《あんない》してくれたのは、六畳《じょう》一間《ま》の部屋だった。息子のひろゆきさんの部屋だという。ひろゆきさんは、マイケルと入れちがいのようにして、ニュージーランドにラグビー留学《りゅうがく》していた。空いている部屋をマイケルに貸《か》してくれるというのだ。

「ゆっくり休むのよ」

奥《おく》さんが笑顔《えがお》で声をかけてくれた。

「はい、ありがとうございます」

肩《かた》に背負《せお》っていたリュックを床《ゆか》に下ろすと、大きなため息が出た。ようやくここまで来た。マイケルは部屋の中を見回した。床《ゆか》に手をつけてみる。細い植物の茎《くき》のようなものが規則正《きそくただ》しく織《お》りこまれている。これが、畳《たたみ》というものらしい。初《はじ》めての畳《たたみ》に初《はじ》めての布団《ふとん》。本当に日本に来たんだ、という思いがじわじわとこみあげてくる。ここには親友のニックの家で見たものが、たくさんある。めずらしい外国のものだと思っていたものが、自分のすぐ手のとどくところにある。なんだか夢《ゆめ》の中にいるようだ。明日《あした》から、この日本での一日が始まるのだ。どんな人たちが待っているのだろう。そして、山の手《やまのて》高校のラグビー部はどんなチームなのだろう。

楽しみな気持ちと、ほんの少しの不安《ふあん》、二つの気持ちを抱《かか》えながら、マイケルは目を閉《と》じた。そういえば、ニックは元気だろうか。今日《きょう》着くことは伝《つた》えてあるけれど、会うことはできるのだろうか。考えているうちに、眠《ねむ》りの波がマイケルに向かってゆっくりと押《お》しよせてきた。長い一日が終わろうとしていた。

次の日、マイケルは初《はじ》めて山《やま》の手《て》高校に登校した。先生からわたされた制服《せいふく》は大きくて、肩《かた》のところがだぶついていた。

「悪いな。昨日《きのう》も言ったけど、マイケルはもっとでかい子だと思ってたんだよ」

黒田《くろだ》先生が、笑《わら》いをこらえるようにして言った。

「だいじょうぶです」

制服《せいふく》が大きいことなど気にならなかった。それよりも、どんなクラスでどんな生徒《せいと》たちがいるのか、ということのほうが気になった。

「ここが、きみのクラスだ」

先生の後について一年生のクラスに入る。そのとたん、なつかしい顔が目に飛《と》びこんできた。

「おお、マイケル！」

声を張《は》りあげたのは、ニックだった。

「よく来たな、マイケル」

「コホン！」

先生のせきばらいに、ニックは立ちあがりかけていた席《せき》にあわてて腰《こし》を下ろした。マイケルは、急に気持ちが楽になった。ニックと同じクラスだったのか。これは、楽しくなりそうだ。

「今日《きょう》からこのクラスでみんなといっしょに学んでいくマイケル・リーチ君だ。マイケル君、みんなに自己紹介《じこしょうかい》して」

担任《たんにん》の先生の言葉に、マイケルは背筋《せすじ》を伸《の》ばした。まっすぐに整列した机《つくえ》と椅子《いす》、そこに座《すわ》る生徒《せいと》たちの目がマイケルに集まっている。マイケルは息を吸《す》いこんだ。

「ニュージーランドから来ました。マイケル・リーチです。ラグビーをがんばります。よろしくお願《ねが》いします」

拍手《はくしゅ》の音がわきあがった。いちばん激《はげ》しく手をたたいていたのは、ニックだ。マイケルは、みんなを見回した。日本語のあいさつがうまくいったかどうか心配だったのだ。生徒《せいと》たちは、まじめな顔でマイケルを見ている。ニックがウィンクをして、親指を立てた。

だいじょうぶそうだ。マイケルは、ほっと息をはいた。

「きみの席《せき》は、あそこだ」

先生が指さしたのは、窓際《まどぎわ》の席《せき》だった。外がよく見える。

「よろしく、マイケル」

席《せき》に座《すわ》るとき、となりの男子生徒《せいと》が話しかけてくれた。

「どうも。よろしく」

声を出しながら、初《はじ》めて日本の高校の椅子《いす》に座《すわ》る。少し小さいけれど、座《すわ》り心地《ごこち》はまああまだった。よいスタートだと思った。けれど、マイケルはまだ知らなかったのだ。一日中、この椅子《いす》に座《すわ》っていなければならないことに。


「うう……」

マイケルは、思わず腰《こし》に手をやった。

「おい、どうした、マイケル?」

となりでニックがマイケルの顔をのぞきこんだ。放課後《ほうかご》になってようやく、マイケルはニックと自由に話すことができるようになった。ニックは、クライストチャーチにいるときと少しも変《か》わらない。山《やま》の手《て》高校にも、すっかりなじんでいるように見えた。気心の知れた友人と英語《えいご》でなんでも話せることがどんなに楽かマイケルは初《はじ》めて知った。ニュージーランドの学校では、自分なりに日本語を一生懸命《いっしょうけんめい》勉強したつもりだった。かなり理解《りかい》できると思っていたのに、日本に来てみるとわからない言葉がずいぶんあっておどろいた。自分が思っていた以上《いじょう》に緊張《きんちょう》していたらしい。

「今日《きょう》は座《すわ》りっぱなしだったから、腰《こし》が痛《いた》くなったよ。なあニック、日本の学校はどこもこんなふうなのか?」

マイケルがおどろいたのは、生徒《せいと》たちがみんなずっと教室にいて、椅子《いす》に座《すわ》っていることだった。とくに、朝礼のときの生徒《せいと》たちには目を見張《みは》ってしまった。みんなが体育館の床《ゆか》に直接座《ちょくせつすわ》っているのだ。ニュージーランドでは見たこともない光景《こうけい》だった。

「そうだよ。日本では、学校にいる間はたいてい椅子《いす》に座《すわ》っている」

「なぜ?」

「うーん。そういう決まりなんだ」

「決まりか……」

決まりといわれれば、それ以上《いじょう》きいてもむだなのだろう。それにしても、みんなずっと座《すわ》っていてよく体が痛《いた》くならないものだ。

「ニュージーランドとは、ずいぶんちがうんだな」

「そうかい？　そうでもないんじゃないかな」

ニックは、なんでもないことのようにさらりと言った。初《はじ》めて日本に来たマイケルとちがって、ニックは日本に慣《な》れている。なにしろ母親が日本人で、生まれたのも日本なのだ。ニックにとって、日本はニュージーランドと同じくらい身近な国なのだろう。長い間座《すわ》っていることくらい平気なのかもしれない。

「すぐにマイケルも慣《な》れるさ。だいじょうぶだって。それより、昨日《きのう》は迎《むか》えに行けなくてすまなかったな。部活動があったからさ」

「ラグビー部のことかい？」

「そうだよ。きっとおどろくぞ、マイケル」

「おどろくって？」

「今にわかるよ。早く行こうぜ。練習が始まる」

ニックが先に立って歩きだした。マイケルは、あわてて後を追いかけた。

ジャージに着替《きが》えてグラウンドに出ると、数人の生徒《せいと》が走っているところだった。土ぼこりがわきたっている。マイケルは、あたりを見回した。茶色い土のグラウンドが広がっているだけだ。緑のコートはどこにも見当たらない。グラウンドの向こうでは野球をしている集《しゅう》団《だん》、こちらでは陸上《りくじょう》の練習をしている集団《しゅうだん》が見える。

「おい、ニック。ラグビーの練習場はどこだ？」

「ここだよ」

「えっ？　何言ってるんだよ。ラグビーコートだよ」

「ここだってば」

「は？」

マイケルは、ニックが冗談《じょうだん》を言っているのだと思った。ラグビーは緑の芝生《しばふ》が敷《し》きつめられたコートでプレイするものだ。まさかこんな土だらけの固《かた》いグラウンドでするはずがない。

そう思ったとき、ホイッスルが鳴った。

「みんな集まってくれ。新入部員を紹介《しょうかい》する」

声を張《は》りあげたのは、コーチの黒田《くろだ》先生だ。先生の声に、わらわらと生徒《せいと》たちが集まってくる。

「マイケル君、前に来てください」

「はい」

マイケルが先生の横に並《なら》ぶと、黒田《くろだ》先生は声を高くした。

「ニュージーランドからの留学生《りゅうがくせい》、マイケル・リーチ君だ。向こうでは選手《せんしゅ》としてずいぶん活躍《かつやく》している。こちらのことをみんながいろいろ教えてあげてください」

「はい！」

元気な声がいっせいにあがる。マイケルが頭を下げようとしたとき、太い声が飛《と》んできた。

「練習開始！」

「はい！」

生徒《せいと》たちが弾丸《だんがん》のようにグラウンドに飛《と》びだした。マイケルもあわてて後を追う。足を踏《ふ》みだしたとたん、マイケルは顔をしかめた。足の底《そこ》が痛《いた》い。地面が固《かた》すぎる。本当にここでラグビーをするのか。こんなところでは足を痛《いた》めてしまう。顔を上げてみると、ラグビー部員たちが、マイケルの前を走っている。だれ一人立ち止まらない。もくもくと走りつづけている。

こんな固《かた》い土の上で練習するなんて、ここにいる部員はよっぽど足がじょうぶにできているのか……。

とまどいながら走っていると、幹夫《みきお》先生と目が合った。

「マイケル、足が動いていないぞ。もっとしっかり足を上げろ！」

「はい！」

マイケルは、足に力を入れて固《かた》い土を踏《ふ》みしめた。

走っても走っても、ストップの指示《しじ》がかからない。何かのまちがいではないか、と思って足を止めると、すぐに幹夫《みきお》先生の声が飛《と》んでくる。マイケルはみんなといっしょにひたすら走りつづけた。そのうち、足がしびれてきた。土を踏《ふ》みしめているのか、宙《ちゅう》を蹴《け》っているのかわからない。ようやくストップの声がかかったときには、しびれを通りこして感覚《かんかく》がなくなっていた。

やっとチームに分かれての練習が始まるのか。マイケルは大きく息をはいた。

「よし、次はタイヤ引きだ」

幹夫《みきお》先生の声がひびいた。マイケルは、自分の耳を疑《うたが》った。タイヤ引き？　まさか、まだ走るのか？

「はいっ！」

部員たちは、次々と大きなタイヤを持ちだしてきた。

「マイケル、何ぼんやりしてる！　さっさとやれ！」

「は、はい！」

マイケルは、重い足を引きずりながらタイヤを手にとった。

タイヤ引きが終わるとダッシュの練習、パスの練習。そしてようやくチームプレイの練習に入った。そのころには、マイケルの足は力が入らずガクガクしていた。今までラグビーをしてきたなかで、こんなに走る練習をしたことはなかった。最後《さいご》にまたグラウンドを走って、練習は終了《しゅうりょう》した。

肩《かた》で息をするマイケルに、幹夫《みきお》先生が近づいてきた。

「山《やま》の手《て》の練習はどうだ、マイケル？」

マイケルは「きびしいです」と言おうとした言葉をのみこんだ。幹夫《みきお》先生をまっすぐ見つめて別《べつ》の言葉を言った。

「楽しいです」

先生が、ニヤッと笑《わら》う。

「よし、明日《あした》もがんばれよ」

勢《いきお》いよく肩《かた》をたたいて、幹夫《みきお》先生がはなれていく。マイケルは、思わずしゃがみこんでしまった。

「な、おどろいただろう?」

耳元で、ニックがささやいた。マイケルは、うなずくことしかできなかった。


山《やま》の手《て》高校ラグビー部の練習第一日目が終わった。走ることで始まって、走ることで終わる練習だった。こんな練習はもちろん初《はじ》めてだ。試合《しあい》形式が多いニュージーランドの練習とのちがいにはおどろいた。もっとおどろいたのは、自分の体力のなさだ。日本の部員たちのほうがずっとスタミナがある。

カバンを引きずるようにしてコンクリートの歩道を歩く。泥《どろ》だらけのユニフォームを着替《きが》える元気もなかった。足がひきつるように痛《いた》い。道を曲がったとき、公園が見えた。夕方のせいか、人の姿《すがた》は見当たらない。小さな砂場《すなば》にブランコ、隅《すみ》には滑《すべ》り台《だい》があった。そして、地面は緑だった。背《せ》の低《ひく》い草がみっしりと生えている。マイケルはカバンを下ろすとはいていたスパイクを脱《ぬ》いだ。靴下《くつした》も脱《ぬ》いではだしになり、緑の地面に足を下ろす。柔《やわ》らかな草が、足の裏《うら》をくすぐった。なつかしい感触《かんしょく》だった。一歩二歩三歩……はだしのまま歩きつづける。体がどんどん軽くなっていくような気がした。そのまま公園を抜《ぬ》けて歩きつづけた。草がなくなり、アスファルトの道になる。それでも、靴《くつ》をはく気になれなかった。固《かた》いアスファルトの道も、心地よく足に吸《す》いついてくる。地面を踏《ふ》みしめながら、マイケルは森山《もりやま》さんの家までのんびりと歩いた。

家に着くと、指の先の泥《どろ》をはらってチャイムを押《お》した。

「はーい」

森山《もりやま》さんの奥《おく》さん、久美子《くみこ》さんの声がして、ドアが開く。

「あら、たいへん」

マイケルを見たとたん、久美子《くみこ》さんの目が丸くなった。マイケルは頭の先から足の先まで泥《どろ》だらけで、目と鼻の穴《あな》だけが見える状態《じょうたい》だった。しかも、はだしだ。

「マイケル、ちょっと待って。そのまま家の中に入っちゃだめよ」

久美子《くみこ》さんは、水の入ったバケツを持ってくると、まずマイケルに足を洗《あら》わせた。水が、あっというまに茶色に染《そ》まる。久美子《くみこ》さんは、マイケルの体の土をはらいながら言った。

「マイケル、ユニフォームを脱《ぬ》いで、まっすぐお風呂場《ふろば》に行きなさい。まっすぐよ」

「わかりました」

マイケルはうなずくと、居間《いま》を通らずに浴室《よくしつ》に向かった。

「しっかり洗《あら》って泥《どろ》を落とすのよ」

久美子《くみこ》さんの声が、玄関《げんかん》のほうから聞こえてきた。

「はーい」

返事をしながら、シャワーの栓《せん》をひねる。温《あたた》かいお湯が体にぶつかってきた。バケツの水に負けないくらい茶色い水が、足元を流れていく。今日《きょう》一日の疲《つか》れが水といっしょに流れていくようだ。湯気《ゆげ》の中で、石鹸《せっけん》を泡立《あわだ》てる。今日《きょう》わかったことは、山《やま》の手《て》高校ラグビー部の練習は、思ったよりもずっときついということだ。

「おもしろくなりそうじゃないか、マイケル」

ボビーの声が耳元で聞こえたような気がした。

「そうだな、ボビー。きっとおもしろくなるよ」

心の中で返事をしてから、マイケルは泡立《あわだ》てた両手で勢《いきお》いよく顔を洗《あら》った。


着替《きが》えてから居間《いま》に行くと、夕食の用意ができていた。

「ああ、よかった。きれいになったわね。泥《どろ》だらけでびっくりしちゃったわよ」

「はい。きれいになりました」

「今日《きょう》はお寿司《すし》よ。たくさん食べてね」

久美子《くみこ》さんが、テーブルを指さしてほほ笑《え》んだ。寿司桶《すしおけ》に並《なら》んだ寿司《すし》は、マイケルが初《はじ》めて見るものだった。

「うちのお父さんが握《にぎ》ったのよ。今日《きょう》は、マイケルが来たお祝《いわ》いよ」

「ありがとうございます」

「お父さんはお店があるから行っちゃったけど、二人で食べましょう」

「はい。いただきます」

頭を下げてから、マイケルは箸《はし》を手にとった。マグロののった寿司《すし》を口に入れる。マグロが口の中でとろけた。

「うん、おいしいです」

「あら、ほんと？　お寿司《すし》、食べられるのね」

「はい。とてもおいしい」

「よかったわ。たくさん食べてね」

「はい！」

寿司《すし》を食べるのは初《はじ》めてだった。ニックの家でも生《なま》の寿司《すし》は食べたことがない。こんなにおいしいものがあるなんて知らなかった。

「マイケル、箸《はし》の使い方が上手《じょうず》ね」

「はい。高校で練習しました。でも、寿司《すし》食べるのは初《はじ》めてです」

「うちのお父さんはね、札幌《さっぽろ》の街《まち》でお寿司屋《すしや》さんをしてるのよ。毎日、寿司《すし》を握《にぎ》っているの」

「そうですか」

「お寿司屋《すしや》さんの修業《しゅぎょう》はたいへんなのよ」

「しゅ……ぎょ？」

「修業《しゅぎょう》……見習いで勉強することよ」

「みならい？」

わからない言葉がたくさん出てきた。久美子《くみこ》さんは、笑《わら》いながら言った。

「マイケルの日本語は上手《じょうず》だけれど、もう少しね」

「はい。がんばります」

「そうね。がんばらなくちゃね」

まるで母のようだ。

「あの、お母さんて呼《よ》んでいいですか」

「わたしのこと？」

「はい」

「もちろん、いいわよ」

久美子《くみこ》さんは、くすぐったそうに笑《わら》った。

「ほら、もっとたくさん食べなさい」

「はい、お母さん」

マイケルは、箸《はし》を握《にぎ》りなおした。三人前の寿司《すし》をマイケルは一人で食べて、久美子《くみこ》さんをおどろかせた。

この日から、マイケルは森山《もりやま》さん夫妻《ふさい》を、お父さんお母さんと呼《よ》ぶようになった。

高校１年生のマイケルとニック

（6）高校生活の始まり

マイケルの高校生活は、ラグビーを中心に過《す》ぎていった。

朝七時三十分、眠《ねむ》い目をこすりながら朝食をとる。お母さんがつくってくれる弁当《べんとう》を持って登校。八時十五分に学校に着くと、みんなといっしょに授業《じゅぎょう》を受ける。放課後《ほうかご》はひたすらラグビーの練習をする。くたくたになって帰宅《きたく》。シャワーをあびて夕食をとると、眠気《ねむけ》がおそってくる。そのまま爆睡《ばくすい》。毎日そのくり返しだった。

ラグビー部の練習は相変《あいか》わらずきびしかった。

幹夫《みきお》先生は、鋭《するど》い目でつねにみんなを見ていて、少しでも気を抜《ぬ》くと大きな声が飛《と》んできた。フォワード（ボールを獲得《かくとく》する役割《やくわり》のポジション）の強化と戦術《せんじゅつ》を担当《たんとう》している黒田《くろだ》先生も、幹夫《みきお》先生に負けないくらいきびしかった。

「マイケル、遅《おそ》い。もっと速く走れ！」

「はい！」

先生の声に押《お》されて走る。ランニングが終わると、タックルの練習だ。固《かた》い土のグラウンドには、なかなか慣《な》れることができなかった。タックルをくり返すと、足が地面にすれて血がふき出した。じくじくと痛《いた》む。ニックを見ると、きれいな足をしている。

「どうして、ニックの足はそんなにきれいなんだ？」

「手加減《てかげん》してるからさ。だって痛《いた》いのはいやだろ」

ニックは小さくつぶやいて、ウィンクした。マイケルは思わず笑《わら》ってしまった。本当に憎《にく》めないやつだ。でも、自分はニックのまねはできそうにない。固《かた》い土でも思いきりタックルするだけだ。タオルで血をふいていると、伊藤《いとう》先生が近づいてきた。伊藤《いとう》先生はチームの中のバックス（ボールを前に進め、得点《とくてん》につなげる役割《やくわり》）の強化を担当《たんとう》している先生だ。

「マイケル、しっかりやれ」

「はい？」

顔を上げると、伊藤《いとう》先生は真剣《しんけん》な目でマイケルを見ている。

「しっかりがんばって、一流の選手《せんしゅ》になれ。おまえの家族も、きっとそう願《ねが》ってるはずだ」

「はい！」

マイケルの肩《かた》をたたいて、伊藤《いとう》先生がはなれていく。先生の言葉が胸《むね》にひびいた。痛《いた》む足を伸《の》ばして、マイケルはグラウンドに向かった。

体力面を担当《たんとう》する藤井《ふじい》先生は、若《わか》くてエネルギッシュだった。部員たち一人一人の足りない部分を強化するために、先生は部員たちを三つのグループに分けた。「持久力《じきゅうりょく》」「瞬発力《しゅんぱつりょく》」「筋力《きんりょく》」の中で、マイケルは「持久力《じきゅうりょく》」のグループに入ることになった。ここでは、長距離《ちょうきょり》をひたすら走る練習をした。学校から約《やく》四・二キロメートルはなれたところに三角山《さんかくやま》とよばれる山がある。きれいな三角形に見えるところから名づけられた山だ。マイケルたち「持久《じきゅう》力《りょく》」グループは、練習の初《はじ》めにその三角山《さんかくやま》と学校を往復《おうふく》するのが日課《にっか》になった。最初《さいしょ》はそれだけで、へとへとになった。けれど、つづけていくうちに、それほどつらくなくなってきた。

ただ、そのあとの練習がきつかった。山まで走った後に待っているのは、ダッシュの練習だ。三分間全力疾走《ぜんりょくしっそう》して休む、また走る、というのを二十分間くり返す。

「マイケル、遅《おそ》いぞ」

マイケルの横では、藤井《ふじい》先生がいつも部員たちといっしょにダッシュをくり返していた。先生のスタミナはすごかった。マイケルは、先生の速さに一度も追いつくことができなかった。

ダッシュの練習が終わると、腕立《うでた》て伏《ふ》せを百回する。足も腕《うで》も、ふるえるほど疲《つか》れた。

チームプレイの練習をするのは、それからだった。力の入らなくなった足を無理《むり》やり動かして、ボールを追いかける。ニュージーランドでは経験《けいけん》したことのないきびしい練習が毎日つづいた。


「マイケル、ちょっといいか」

練習が終わり、帰る用意をしているときだった。幹夫《みきお》先生が、マイケルに近づいてきた。マイケルの背中《せなか》がすっと伸《の》びた。

「はい」

「おれにつきあえ」

幹夫《みきお》先生はそれだけ言うと、部室を出ていった。マイケルは、つばをのみこんだ。

「何してる。さっさと来いよ」

「は、はい！」

マイケルは、ユニフォームをバッグに押《お》しこむと、あわてて先生の後を追いかけた。

外はもう暗かった。街灯《がいとう》の白い光が歩道を浮《う》かびあがらせている。先生は何も言わずにずんずん歩いていく。マイケルの胸《むね》はざわついていた。

どうしたんだろう。幹夫《みきお》先生を怒《おこ》らせるようなことをしただろうか。まさか山《やま》の手《て》をやめて、ニュージーランドに帰れ、って言われるんじゃないだろうな。

足が急に重くなる。マイケルはうつむきながら先生の後をついていった。

「よし、ここだ」

幹夫《みきお》先生が足を止めたのは、ハンバーグレストランだった。

「え？　ここ……って」

「どうした。早く入るぞ」

ぽかんとしているマイケルにはおかまいなしに、幹夫《みきお》先生はレストランの中に入っていく。

テーブルにつくと、先生はマイケルにメニューを差《さ》しだした。

「何にする？」

「あ……じゃあ、このチーズハンバーグディッシュを……」

「大盛《おおも》りだな」

ニッと笑《わら》って、先生は大盛《おおも》りを二つ注文した。「最後《さいご》の晩餐《ばんさん》」という言葉が、マイケルの頭に浮《う》かぶ。

「お待たせしました」

目の前に、大きなハンバーグがおかれた。

「さあ、食おう」

「あの……先生、ぼくに何か話がありますか?」

「ん?」

「つまり、その、ぼくは何か悪いことしましたか?」

「いや、別《べつ》に」

「それならなんで」

「まあ食え」

「……はい。いただきます」

箸《はし》を取る。湯気《ゆげ》のあがったハンバーグが、からっぽの胃《い》にしみるくらいおいしかった。

「うまいな」

「はい。おいしいです」

「ちがうよ。うまいのは箸《はし》の使い方」

「あ、はい。練習しましたから」

「マイケル、おまえは、よくやってるよ。この調子でがんばれ」

顔を上げると、先生の目にぶつかった。先生が照《て》れくさそうに笑《わら》う。先生は、励《はげ》ましてくれるためにここに連《つ》れてきてくれたのか……。マイケルの鼻が熱《あつ》くなった。急いでごはんを口にかきこむ。

「幹夫《みきお》先生」

「なんだ?」

「これだけじゃ足りません」

先生は、目を丸くして体をそらせた。

「わははは。よし、腹《はら》いっぱい食え」

先生は笑《わら》いながら、大きな声を出した。

「すみません。大盛《おおも》り、もう一人前お願《ねが》いします！」

先生の声が、レストランの中に大きくひびいた。


それからも、きびしい練習はつづいた。それでも、マイケルはニュージーランドに帰りたいと思ったことは一度もなかった。すっかり日本になじんでいたのだ。食べ物はなんでもおいしく、食べられないものは何もなかった。外国人に苦手な人が多いという納豆《なっとう》も、マイケルは平気で食べることができた。好物《こうぶつ》の一つになったほどだ。それに、何より日本の人たちはみんなやさしかった。森山《もりやま》さんも学校のみんなもマイケルのことを気にかけて、あれこれと話しかけてくれた。そして、幼《おさな》なじみのニックがいた。ニックは週に三日は森山《もりやま》さん宅《たく》に遊びに来てくれた。二人で話していると、ニュージーランドにいると錯覚《さっかく》してしまいそうだった。

ただ、問題は日本語だった。日常《にちじょう》会話では困《こま》らないものの、読み書きには苦労《くろう》していた。森山《もりやま》のお父さんからは、

「マイケル、ここは日本だ。わたしらは、英語《えいご》はいっさい使わない。全部日本語で通す。きみも、日本語で過《す》ごしてくれ」

と、言われていた。ニックは、日本語を母国語のように使いこなしている。お母さんは、いつも感心していた。

「ニックは日本語がうまいわねえ。通訳《つうやく》さんみたい」

たしかにわからない言葉が出てくると、ニックは英語《えいご》と日本語を使って、みんなに説明《せつめい》してくれていたのだ。

「ねえ、マイケルもニックみたいになりたい?」

お母さんにきかれたとき、マイケルは迷《まよ》わずうなずいた。

「じゃあ、これで練習するといいわよ」

お母さんがわたしてくれたのは、ひらがな表だった。日本で子どもたちがひらがなをおぼえるときによく使うものだ。その表をマイケルは自分の部屋の天井《てんじょう》にはりつけた。そして、寝《ね》る前と起きる前に必《かなら》ず見るようにした。表のほかには、小学生の教科書や絵本をたくさん読んだ。ひらがな中心の絵本から、漢字交《かんじま》じりのものまでたくさん読んだ。マイケルの日本語は、みるみるうちに上達《じょうたつ》した。学校では、日本語で書くレポートがクラスメイトよりもうまいとほめられるようになったほどだ。

森山家《もりやまけ》での生活にも、マイケルはすっかり慣《な》れた。自分の息子のように接《せっ》してくれるお母さんといっしょにいると、気持ちが楽になった。

「うちには、息子が三人もいるのよ。みんなラグビーをしているの。今はたまたまみんな家をあけているけれどね」

そう言いながら、お母さんは、山盛《やまも》りのごはんを差《さ》しだしてくれた。

「男の子の世話には、慣《な》れているのよ」

「ありがとうございます。いただきます」

「マイケルは、なんでも食べてくれるから助かるわ。ニュージーランドでは、何が好物《こうぶつ》だったの？」

マイケルは、箸《はし》をおいて少し考えた。

「ラム肉にミートパイ。それにママがつくってくれるロティカレーです」

れないのだ。

「そう。フィジーのカレーで日本のと似《に》ています」

「へえ。いつかニュージーランドに行って食べてみたいわ」

お母さんもお父さんも、なかなか旅行には行けないらしい。お店が忙《いそが》しいので、休みがとれないのだ。

「そうだ。お母さん、ぼくいいものを持っています」

マイケルは部屋から、一冊《さつ》の雑誌《ざっし》を持ってきた。ニュージーランドから持ってきたものだ。

「あら、きれいな本ね」

「ニュージーランドの本です。写真がたくさんのっています」

エプロンで手をふきながら、お母さんが本をのぞきこんできた。

「見てください。ここが、カテドラルです」

「カテドラル？　それは何？」

「ええと、お祈《いの》りするところです」

「教会みたいなところかしら？」

「そんな感じです。大きい教会です。こっちは、トラム」

「トラム？　バスじゃなくて？」

「ちがいます。ええと、電車」

「電車はトレインじゃないの？」

「トレインじゃなくて、これは……ええと地面を走る電車」

「ああ、路面電車ね」

二人は、時間をかけながらゆっくり雑誌《ざっし》をながめた。

「これはキウイっていう……」

「これなら知ってるわよ。バードよね？」

「バード？　なんでしょう？」

「バードは鳥のことじゃないの」

「おお、鳥でしたか」

お母さんの発音では、何のことかわからなかったのだ。

「英語《えいご》の発音は難《むずか》しいわねえ」

「日本語も難《むずか》しいです」

「マイケルの気持ちが少しわかったような気がするわ」

お母さんが笑《わら》いながら首をすくめた。

「お母さん、このページ見てください。クライストチャーチは、花や緑がいっぱいです。庭の中に街《まち》があるみたいなので、ガーデンシティといわれてます」

マイケルが開いたページには、街《まち》の中に咲《さ》きほこる色とりどりの花が写っていた。

「すてきねえ」

「はい。すてきな街《まち》です。お母さん、日本のよいところは何ですか？」

お母さんの返事が返ってこない。口をむすんで考えこんでいる。

「日本のよいところ……。富士山《ふじさん》かしら？　お寺や神社、それとも、まじめな日本人の心かしら？　いざ説明《せつめい》しようとすると、自分が日本のことを何も知らないような気がするわ」

マイケルは首をかしげた。

「マイケルはえらいわね。自分の国に誇《ほこ》りをもって、ちゃんと話してくれるんだもの。なんだか、教えられちゃったわ」

「ぼくが、お母さんに教えたんですか？」

「そうよ。マイケルから教えられることがいっぱいあるわ。マイケル、日本にはよいところがたくさんあるのよ。これから、マイケルが自分の目で見つけてね」

マイケルは、きょとんとした顔でお母さんを見つめた。それから、大きくうなずいた。

「はい。そうします」

日本のよいところをたくさん見つけたい。他人から聞くのではなく、自分の目で。マイケルの胸《むね》は高鳴っていた。


八月、北海道にも遅《おそ》い夏がやってきた。夏休みになると、山《やま》の手《て》高校ラグビー部は札幌《さっぽろ》から約《やく》百キロメートルはなれたニセコ町で合宿をする。ヒラフスキー場のすぐそばの自然《しぜん》に囲《かこ》まれた場所だ。冬にはスキー客でにぎわうが、夏は静《しず》かだ。羊蹄山《ようていざん》が大きくそびえ、すそ野には緑の草原が広がっている。ここで行われる合宿に、マイケルとニックは初《はじ》めて参加《さんか》することになった。

「マイケル、おどろくなよ。ニセコの合宿は、地獄《じごく》の夏合宿ってよばれているんだ」

部員の言葉に、マイケルはニックと顔を見合わせた。

覚悟《かくご》はしていたものの、実際《じっさい》に参加《さんか》しておどろいた。いつもにもましてきびしい練習が待っていたのだ。

朝の練習が始まるのは七時だ。まず宿からグラウンドまで二キロメートルの道のりを走る。グラウンドに着くと、待っているのはダッシュの練習だ。何度も何度もくり返す。九時半に、朝食と昼食兼用《けんよう》の食事をする。一時半から夕方の五時までは、走りこみの練習とチームに分かれての試合《しあい》を行う。とにかく毎日走った。走っても走っても、まだ走らなければならなかった。

「タフになれ！」というのが、幹夫《みきお》先生の口癖《くちぐせ》だった。

夜になると、部員たちは疲《つか》れて立つこともできなくなった。あまりのきびしさに、逃《に》げだす部員が出たほどだ。マイケルは、もくもくと練習に打ちこんだ。走りすぎて、足に水がたまった。近くの病院で水を抜《ぬ》いてもらいテーピングすると、またすぐに走った。

ある日、マイケルの足の痛《いた》みがひどくなった。見ると、足が化膿《かのう》している。

「これは、病院で診《み》てもらったほうがいいな。ニック、いっしょについていってくれ」

幹夫《みきお》先生に言われて近くの病院に行くと、医者が眉《まゆ》をしかめた。

「こりゃひどいな。ばい菌《きん》が入ったんだろう。切開しないとだめだな。ちょっとベッドに横になって」

「切開……」

付《つ》きそっていたニックの顔が青ざめた。ニックは血が苦手なのだ。

「あ、きみね、ちょっと彼《かれ》の足を押《お》さえるの手伝《てつだ》って」

医者が注射器《ちゅうしゃき》をとり出した。ニックは、おそるおそるマイケルの足を押《お》さえる。

「ちょっとがまんだ」

注射器《ちゅうしゃき》を足に刺《さ》して麻酔《ますい》をすると、今度はメスをとり出した。マイケルの足の化膿《かのう》しているところにメスをつける。そのとたん、大きな音がした。見ると、ニックがひっくり返っている。

「おい、ニック。だいじょうぶか?」

マイケルが起きあがろうとすると、医者に止められた。

「動かないで。看護師《かんごし》がいるからだいじょうぶだ」

医者がメスを持ったままつぶやいた。

「おどろいて貧血《ひんけつ》を起こしたんだな。だいじょうぶ。すぐに気がつくよ」

医者が言う通り、ニックはまもなく気がついた。マイケルは、足に包帯《ほうたい》を巻《ま》きつけてもらっているところだった。

「だいじょうぶか、ニック」

「ああ、だいじょうぶ」

ニックは、頭を押《お》さえながら立ちあがった。まだ顔が青い。

「どっちが患者《かんじゃ》かわからないな」

医者の笑《わら》い声《ごえ》に、二人は顔を見合わせて小さく肩《かた》をすくめた。

病院を出ると、マイケルはまっすぐにグラウンドに向かった。ニックがあわてて後を追いかける。

「おい、マイケル。どこ行くんだよ」

「どこって、グラウンドだよ。練習しないと」

「おまえ、今医者から帰ってきたばかりだぞ」

「だいじょうぶ。休んでるほうが落ちつかない」

ニックはあきれた顔でマイケルを見た。マイケルが白い歯を見せながら、歩いていく。

「おう、マイケル。帰ってきたか」

「よーし、走れ！」

「はい！」

先生たちの声にこたえて、マイケルが走りだす。

まったくマイケルにはかなわない。

口の中で小さくつぶやいて、ニックも後につづいた。

「地獄《じごく》の夏合宿」とよばれる合宿は、こうして過《す》ぎていった。


合宿が終わりしばらくすると、二学期が始まる。ラグビー部の練習は相変《あいか》わらずきびしかった。それでも、マイケルはしだいに練習に慣《な》れてきていた。まだまだ強くなりたいと思った。練習が終わった後も、マイケルはタイヤを引いて走ったり、ウェイトトレーニングをやったりと、一人でできるトレーニングをくり返していた。夜八時過《す》ぎまで学校で仕事をしていた黒田《くろだ》先生が、階段《かいだん》のところに大きな影《かげ》を見つけておどろいたことがある。それは、校舎《こうしゃ》の中を走るマイケルの姿《すがた》だった。マイケルはつねに上を見ていた。

もっと強くなりたい。もっともっと強く……。

マイケルは、ひたすら練習に打ちこんだ。

学校では、初《はじ》めての学校祭が近づいていた。校内のそれぞれの部では、食べ物を売ってその売上金を部活費用《ひよう》にすることができる。部の資金《しきん》をためる絶好《ぜっこう》のチャンスだ。ラグビー部は毎年焼《や》きそばやカレーを売っていた。

「今年は、焼《や》きそばにするか？」

幹夫《みきお》先生が部員たちにきくと、マイケルがさっと手をあげた。

「おっ、どうしたマイケル？」

「ホットドッグを売りたいです！」

「ホットドッグ？　コッペパンにソーセージをはさむやつか？」

「はい。マイケルがつくるから、マイケルドッグです」

マイケルは体を乗りだした。

「絶対《ぜったい》に売れます！」

幹夫《みきお》先生は、腕《うで》を組んだ。そんなものがはたして売れるのだろうか？　部員たちがざわざわと騒《さわ》ぎだす。

「先生、それおもしろいっすよ」

「でも売れないんじゃないか？」

「いや、絶対《ぜったい》に売れる！」

マイケルは、目を輝《かがや》かせている。幹夫《みきお》先生は腕組《うでぐ》みをといて言った。

「よし、売ってみろ。材料《ざいりょう》はおれが手配する」

「はい！」

それからがたいへんだった。学校祭で売るのだ。十個《こ》や二十個《こ》ではとても足りない。これだけの数の材料《ざいりょう》をそろえるためには、いろいろな店を回らなければならないだろう。それでは、時間がかかりすぎる。そこで先生は、元教え子で卒業後《そつぎょうご》はパン屋をしている元生徒《もとせいと》に連《れん》絡《らく》をした。

「おお、幹夫《みきお》先生。お久《ひさ》しぶりです。どうしたんですか？」

「急にすまん。ホットドッグ用のパンを百個《こ》つくってくれないか」

「百個《こ》ですか！　すごい量《りょう》ですね」

「学祭で売ることになってな」

「わかりました。ほかならぬ幹夫《みきお》先生のたのみです。引きうけましょう」

パンは確保《かくほ》できた。次は、ソーセージだ。これも、畜産《ちくさん》会社に勤《つと》めている元教え子にたのみこんで百本用意できた。あとは、マイケルに任《まか》せて売るだけだ。

「だいじょうぶ。任《まか》せてください」

マイケルは、ニックと二人で自信満々《じしんまんまん》にうなずいた。

学校祭が始まって、幹夫《みきお》先生はおどろいた。マイケルの言う通り「マイケルドッグ」はものすごい売れ行きだったのだ。あれよあれよという間に、たちまち売り切れてしまった。

あっけにとられている幹夫《みきお》先生に、マイケルはにっこりとほほ笑《え》んだ。

「先生、ぼくの言った通りですね」

幹夫《みきお》先生は、うなずかざるを得《え》なかった。


マイケルドッグは成功《せいこう》したが、小さな失敗《しっぱい》をしたこともある。

日本食が大好《だいす》きになったマイケルがとくに好《す》きだったのが、そばだ。ラグビー部では、部室内でものを食べるのは禁止《きんし》されていた。でもあるとき、がまんできずに部室内でカップのそばを食べてしまった。そして、空《から》の容器《ようき》を部室においたまま忘《わす》れてしまったのだ。容器《ようき》を見つけたのは、黒田《くろだ》先生だった。

「おい、これはなんだ？　ここでそばなんて食べたやつはだれだ」

黒田《くろだ》先生の静《しず》かな声に、マイケルはつばをのみこんだ。おずおずと手をあげる。

「ぼくです。すみません。どうしてもそばが食べたくなって、つい……」

しょんぼりとうなだれるマイケルを見て、黒田《くろだ》先生は笑《わら》いをこらえるのがたいへんだった。唇《くちびる》がふるえてしまったほどだ。外国から来た、いかにも肉しか食わなそうなマイケルが、そばを食べたくてがまんができなくなったなんておかしすぎる。

「これから気をつけろよ」

それだけ言うと、黒田《くろだ》先生は部室を出た。外に出たとたん、ふき出してしまった。

マイケルは、部室の中で容器《ようき》をかたづけた。

失敗《しっぱい》した。どんなにそばが食べたくなっても、部室の中で食べるのだけは絶対《ぜったい》にやめよう。

でも、どうして黒田《くろだ》先生はあんなにふるえていたんだろう。

マイケルは、首をかしげながら、ごみ袋《ぶくろ》の口を閉《と》じた。


日本での毎日はあわただしく過《す》ぎていった。森山家《もりやまけ》には、ニュージーランドに留学《りゅうがく》していたひろゆきさんが帰ってきた。マイケルにとっては、ラグビー部の先輩《せんぱい》だ。ひろゆきさんの前に出ると、どうしても緊張《きんちょう》してしまう。

「マイケル、山《やま》の手《て》高校には慣《な》れたかい？」

夕食後、ひろゆきさんが声をかけてくれた。マイケルの背筋《せすじ》が伸《の》びる。

「はい」

「幹夫《みきお》先生はきびしいだろ？」

「はい」

「そんなに緊張《きんちょう》しなくてもいいよ」

「はい！」

ひろゆきさんがふき出した。マイケルも思わず笑《わら》ってしまった。自分でも、緊張《きんちょう》しすぎだと思ったのだ。ひろゆきさんが、笑《わら》いながらつぶやいた。

「おれは、ニュージーランドに行って、びっくりしたよ。ラグビーの練習時間が短いし、冬の間、半年しか活動しないんだな」

「はい。それが当たり前だと思っていました。ぼくは日本に来て、練習時間が長いのにびっくりしました」

「そうだよな。とくに幹夫《みきお》先生のきびしさにびっくりするよな」

二人で顔を見合わせてうなずき合う。

「それにしても、クライストチャーチはいい街《まち》だな。なんだか札幌《さっぽろ》に似《に》ているような気がしたよ」

「先輩《せんぱい》もそう思いますか？　ぼくもです」

マイケルとひろゆきさんは、遅《おそ》くまで話しつづけた。ニュージーランドのようす、山《やま》の手《て》高校の生活、お互《たが》いの国のラグビーのちがいや共通点《きょうつうてん》。決しておしゃべりなほうではないマイケルが、気がつくとずいぶん話をしていた。マイケルはラグビーを通して、日本の家族がまた一人増《ふ》えたような気がしていた。

親友のニックは森山《もりやま》さんの家によく遊びに来た。週に三日はやってきて、泊《と》まっていくこともあった。ニックといっしょに過《す》ごす時間はマイケルにとってリラックスできるひとときだった。ただ、それも終わりに近づいていた。ニックがニュージーランドに帰る日がやってきたのだ。

「ニック、本当にもう帰るのか？」

「ああ、最初《さいしょ》から半年のつもりだったからね。日本には、またいつでも来れるしな」

ニックはあっさりしていた。

「マイケルはどうするつもりだ」

「ぼくは、まだここにいる。山《やま》の手《て》高校を卒業《そつぎょう》するまで日本にいるつもりだ」

マイケルは、日本に祖父母《そふぼ》がいるニックとはちがう。気軽に日本とニュージーランドを行き来することはできない。それに、山の手《やまて》高校で出会った先生や仲間《なかま》たちとまだはなれたくない。もっといっしょにいて、いろいろ学びたいと思った。

「そう言うと思ったよ。元気でやれよ。おばさんたちには、マイケルのようすをちゃんと伝《つた》えておくからな」

「ああ、たのむ」

ニックは来たときと同じように、身軽に去っていった。ニックを見送るのは、二回目だ。でも、以前《いぜん》とちがってさびしさがこみあげてこない。もうだいじょうぶだと思った。ニックが日本にいなくてもさびしくない。自分の居場所《いばしょ》はここなのだ。マイケルは、そう思えるようになっていた。

マイケルと森山《もりやま》さん

(7) 初《はじ》めての試合《しあい》

十二月に入ると、北海道に冷《つめ》たい北風が吹《ふ》くようになった。灰色《はいいろ》の空から雪が綿《わた》のように落ちてくる。グラウンドは雪で白く染《そ》まった。今ごろ、南半球のニュージーランドは、夏に向かう気持ちのよい季節《きせつ》のはずだ。青い空が、マイケルの目の奥《おく》をよぎった。家族の笑顔《えがお》が、空の中に浮《う》かぶ。この間、姉のエミリーから森山《もりやま》さんの家に電話がかかってきた。いつものように、明るい声だった。

「ママは元気よ。マイケルのこと、ものすごく心配してるわ。わかるでしょ。朝から晩《ばん》まで、マイケルは元気かしら、ってつぶやいてるわ。パパは、だまって一日中働《はたら》いてる。ときどき、マイケルの写真を見てるわよ。アネは大きくなったわ。マイケルに会いたいって、ときどき涙《なみだ》ぐんでるわ」

「ボビーはどう？　元気？」

「元気に決まってるわよ。相変《あいか》わらずうるさくて、けんかばかりよ。ラグビーはがんばって

るわね。今年も代表チームに選《えら》ばれたのよ」

ボビーのラグビーをしばらく見ていない。きっと自分が知っている以上《いじょう》に、速く走り強いタックルをするのだろう。負けてはいられない。

「マイケルもしっかりね」

エミリーの声に、マイケルは大きくうなずいた。

「わかった。がんばるよ」

マイケルは、白い息をはきながらラグビーの練習場に向かった。


「ラグビー部は、例年通《れいねんどお》り今日《きょう》から柔道部《じゅうどうぶ》に行って練習をします」

いつものようにグラウンドに集まると、黒田《くろだ》先生がきっぱりと言いきった。部員たちからため息がもれる。ラグビー部は、冬季間《とうきかん》、柔道部《じゅうどうぶ》に仲間入《なかまい》りしてきたえてもらうのだという。

「柔道《じゅうどう》?」

「マイケルは柔道《じゅうどう》を知らないのか。柔道《じゅうどう》は日本古来の武術《ぶじゅつ》で、精神面《せいしんめん》をものすごく大切にする競技《きょうぎ》なんだ。柔道部《じゅうどうぶ》の練習はたいへんだぞ。毎年冬になると、憂鬱《ゆううつ》になるよ」

「なんでラグビー部なのに、柔道《じゅうどう》をするんだ？」

「体幹《たいかん》をきたえるためらしいよ」

「たいかん？」

「胴体《どうたい》のことだよ」

部員仲間《なかま》から説明《せつめい》してもらっても、よくわからなかった。

「まず、これを着て」

わたされたのは、白い柔道着《じゅうどうぎ》だった。どうやって着たらいいのかもわからない。それでもなんとか他の部員の見よう見まねで着てみた。それから向かったのは、道場だ。畳《たたみ》の敷《し》きつめられた部屋に、柔道部員《じゅうどうぶいん》たちの掛《か》け声《ごえ》がひびいていた。マイケルが初《はじ》めて見るものばかりだった。

そこでの練習は、ラグビーとは異《こと》なるきびしさをもつものだった。礼儀作法《れいぎさほう》のきびしさに加《くわ》えて、組手に足ばらいという独特《どくとく》の技《わざ》を教えられた。とくに力を入れて取り組まなければならなかったのは寝技《ねわざ》だ。柔道部員《じゅうどうぶいん》には、それほど大柄《おおがら》な生徒《せいと》はいない。そのため、マイケルは油断《ゆだん》していた。けれど、自分より小さな部員と組んで寝技《ねわざ》をかけられたとたん、その強さにがくぜんとした。小さな体に押《お》さえつけられて、逃《のが》れようとしても体が動かないのだ。

なんだこれは？　どうして動けないんだ？

「ちょ、ちょっとストップ」

部員の手がはなれて、息が楽になる。今のは、たまたまだと思った。自分がこんなにあっさりと押《お》さえこまれるはずがない。けれど、もう一度組んでも、さっきと同じだった。一度押《お》さえこまれると、足をバタバタさせることしかできないのだ。

「なぜだ？」

さっぱりわからなかった。肩《かた》で息をしていると、幹夫《みきお》先生が近づいてきた。

「マイケル、どうだ、柔道《じゅうどう》は？」

「きついです。どうして動けなくなるのかわからない」

「体がブレているんだな」

「ブレ？」

「体の芯《しん》が、しっかりしていないってことだよ。ふらふらと風に動く木のようだってことだ。体幹《たいかん》をきたえないと、大地に根を張《は》る木にはなれない」

先生の説明《せつめい》は、わかりにくかった。

「いいか、寝技《ねわざ》をかけられたら全身を使って逃《のが》れろ。逃《のが》れたら、すぐに立ちあがるんだ。これが、何に役立つかわかるか？」

マイケルは、幹夫《みきお》先生の目を見つめてうなずいた。

「タックルの後ですか」

幹夫《みきお》先生の口《くち》の端《はし》が上がった。

「その通りだ。寝技《ねわざ》からすばやく立ちあがれるようになると、タックルされた後でもすばやく体勢《たいせい》を立て直して、次の動きができる」

「なるほど」

マイケルはうなずいた。柔道《じゅうどう》とラグビーは、一見関係《かんけい》がなさそうだ。でも、つながっているのだ。自分が根の張《は》った木になれたとき、見えてくる景色《けしき》があるのかもしれない。

「しっかりやれ」

「はい！」

マイケルは、大きくうなずいた。

ラグビーの練習と柔道《じゅうどう》の練習は、一日おき交互《こうご》に行われた。週に三度の柔道《じゅうどう》の練習は思ったよりもきびしく、ときおり息が止まりそうになったり、意識《いしき》が飛《と》びそうになった。小さな部員たちが軽々と練習をこなしているのが不思議《ふしぎ》だった。

柔道《じゅうどう》の練習をしつづけて、マイケルにはわかってきたことがあった。柔道部員《じゅうどうぶいん》たちの強さは、精神面《せいしんめん》の強さからきている部分が大きいのだ。昔から受けつがれているきびしい礼儀作法《れいぎさほう》が、強さを育《はぐく》んでいるのかもしれなかった。

マイケルの冬はラグビーと柔道《じゅうどう》で過《す》ぎていった。

マイケルにとって初《はじ》めての冬のクリスマスが過《す》ぎ、年が明けると、山《やま》の手《て》高校ラグビー部には花園《はなぞの》出場が待っていた。花園《はなぞの》での「全国高校ラグビーフットボール大会」はラグビーの甲子園《こうしえん》ともいわれているほど有名なものだ。山《やま》の手《て》高校は、その年も北海道代表として出場することになっていた。それまでマイケルは、北海道内の地方大会しか出ることができずにいた。留学生《りゅうがくせい》は半年間、全国規模《きぼ》の大会に出場することができない、という協会《きょうかい》の規定《きてい》があったからだ。「山《やま》の手《て》高校に、ニュージーランドからラグビー留学生《りゅうがくせい》が来た」というわさは広がっていた。でも、マイケルのプレイを知っている人は、まだほとんどいなかった。張《は》りきって試合《しあい》に出場したマイケルだが、戸惑《とまど》うことが多かった。日本の試合《しあい》での審判《しんぱん》は、ニュージーランドとはずいぶんちがっていた。マイケルがタックルで相手が放したボールをつかんで走ると、

ピピー！

たちまちホイッスルが鳴りひびいた。マイケルは首をかしげた。ニュージーランドでは許《ゆる》された動きが、すぐに反則《はんそく》になる。何が悪いのかわからなかった。あせったマイケルは、スクラムのときにボールに手を出してしまった。スクラムでは足でボールを蹴《け》らなければならないので、完全《かんぜん》な反則《はんそく》だった。イエローカードをもらってしまったマイケルは、ひどく落ちこんだ。

日本の試合《しあい》では、自分のプレイは通用しないのではないか。

一回戦には勝ったものの、マイケルはすっかり自信《じしん》をなくしていた。試合後《しあいご》頭を抱《かか》えているマイケルのそばに伊藤《いとう》先生がやって来た。

「マイケル、こんなことでめげるな」

顔を上げると、伊藤《いとう》先生はおだやかな声でいつもの言葉をつぶやいた。

「一流になれ。おまえは日本を代表する選手《せんしゅ》になるんだ。みんなが期待している」

先生の言葉が、胸《むね》の奥《おく》にしみこんでいくようだった。マイケルは、だまって強くうなずいた。

大会二日目は、マイケルにとって忘《わす》れられない試合《しあい》になった。相手は、埼玉《さいたま》の正智深谷《しょうちふかや》高校。マイケルは、まだ試合《しあい》のペースがつかめないでいた。反則《はんそく》をさけるあまり、思いきったプレイができずにいたのだ。積極的《せっきょくてき》にボールを取りにいくことができない。まわりを見ながら、状況《じょうきょう》を判断《はんだん》して動くのがせいいっぱいだった。あせる気持ちばかりがこみあげてくる。流れてくる汗《あせ》をぬぐったとき、ひときわ体の大きな選手《せんしゅ》と目が合った。そのとき、相手はにやりと口を曲げた。トンガから来た留学生《りゅうがくせい》だ。マイケルは眉《まゆ》をひそめた。目をそらして、ボールに向かう。そのとき、耳元に笑《わら》い声《ごえ》が聞こえてきた。

「なんだ、あいつ。ニュージーランドからの留学生《りゅうがくせい》っていうからどんなに強いやつなんだろうと思ったら、たいしたことないじゃないか。しょせんこの程度《ていど》か」

マイケルの顔が、カッと熱《あつ》くなった。体におおいかぶさっているよどんだ膜《まく》のようなものが、するりと落ちたような気がした。眠《ねむ》っていたスイッチがオンになる。マイケルは、自分の中の炎《ほのお》が燃《も》えあがるのを感じた。

「うおおおお！」

自分よりはるかに体の大きなトンガの選手《せんしゅ》に、マイケルは飛《と》びかかっていった。激《はげ》しくタックルをする。けれど、トンガの選手《せんしゅ》は強かった。マイケルはすぐに引きはなされた。それでも、マイケルはタックルをやめようとはしなかった。

たいしたことないなんて、二度と言わせない。

大木のような選手《せんしゅ》に何度も何度もタックルをしかける。飛《と》ばされて土にまみれても、顔に血がにじんでも、やめようとはしなかった。

幹夫《みきお》先生は目を見張《みは》った。初《はじ》めて見るマイケルの姿《すがた》だった。

マイケルは、こんなヤツだったのか……。たしかに練習はがんばっているが、攻撃的《こうげきてき》なところは見たことがなかった。ふだんはいつもおとなしくひかえめにほほ笑《え》んでいる。そんなマイケルが、こんなに激《はげ》しいプレイをするとは思いもしなかった。

「やっぱりすごいヤツですね、マイケルは」

幹夫《みきお》先生のとなりで、黒田《くろだ》先生が興奮《こうふん》した声を出した。

「まったくだ」

うなずきながら幹夫《みきお》先生は、腕《うで》を組んだ。

これからが問題だと思ったのだ。マイケルは自分の強さを自覚《じかく》しなければならない。そして、どんなときでも力を十分に発揮《はっき》できるようにならなければだめだ。小さく縮《ちぢ》んではいけない。心も体ももっとタフになり、自分を信《しん》じられるようになること。それができるようになったら、あいつは大きく伸《の》びる。

「マイケル、行けー！」

幹夫《みきお》先生は、大声を出した。自分の心も、マイケルに負けないくらい熱《あつ》くふくらんでいることに気づいていた。

（8）恩返《おんがえ》しという言葉

春になり、マイケルは二年生になった。雪のとけかけたグラウンドで、毎日練習をくり返す。体中が泥《どろ》だらけになるのにも慣《な》れた。日本語も上達《じょうたつ》し、日常《にちじょう》会話ではまったく不自由《ふじゆう》を感じなくなっていた。

ニュージーランドに住む叔父《おじ》のスティーブから連絡《れんらく》がきたのは、そんな毎日を過《す》ごしているときだった。

「マイケル、たいへんだ。きみの家が火事になった」

突然《とつぜん》の電話に、マイケルは受話器《じゅわき》を持ったまま動けなくなった。

「火事って……。み、みんなは無事《ぶじ》ですか？」

「安心してくれ。家族は全員無事《ぶじ》だ。ただ、家は全焼《ぜんしょう》してしまった。電話も焼《や》けてしまって、かけられないいんだよ。だから、わたしが代わりに連絡《れんらく》したんだ。くわしいことは、また連絡《れんらく》する」

それだけ言うと、電話は切れた。マイケルはとりあえずほっとした。それでも、心配と不《ふ》安《あん》がつのった。母は、どんなにがっかりしているだろう。いつもは明るいエミリーも落ちこんでいるにちがいない。小さいアネは、泣《な》いているのではないだろうか？

考えると、いてもたってもいられなくなった。

帰ろうか……。一瞬《いっしゅん》、そう思った。帰ってみんなの顔を見たい。そばにいて手《て》伝《つだ》いたい。

日本でラグビーをしている場合ではないのではないか。

そう思ったとき、マイケルの目にボビーの顔が浮《う》かんできた。いつもの自《じ》信《しん》たっぷりの笑《え》顔《がお》だ。ボビーはいつものままだろう。たぶん、落ちこんだり悩《なや》んだりはしていない。これからどうするか、ボビーが考えているのはきっとそのことだけだ。もし、今自分が帰ったらボビーはきっと鼻で笑《わら》うだろう。

「おまえの覚悟《かくご》はそんなもんだったのか、マイケル。甘《あま》いな」

ボビーの言葉が聞こえるような気がした。それから、父の顔も浮《う》かんできた。口数が少なく、いつもくもくと働《はたら》く父。今回もたぶん父はだまって働《はたら》いているはずだ。自分が帰ったら、父は太い眉毛《まゆげ》をよせて目をくもらせるような気がする。

マイケルは両手を握《にぎ》りしめた。

だめだ。帰れない。自分はここにいよう。中途半端《ちゅうとはんぱ》に帰っても、みんなに心配をかけるだけだ。自分にできるのは、ここで練習に励《はげ》み、力をつけることだ。

「一流の選手《せんしゅ》になれ」

いつも伊藤《いとう》先生が言う言葉が耳の奥《おく》で、何度もこだましていた。


数日後、いつものようにマイケルはラグビーの練習をするためにグラウンドに出た。すると、部員たちがわらわらと集まってきて、あっという間にマイケルを取りかこんだ。

「な、なに？　みんなどうした？」

部員の一人が、マイケルの前に出た。右手を差《さ》しだす。そこには白い分厚《ぶあつ》い封筒《ふうとう》が握《にぎ》られていた。

「マイケル、これはみんなの気持ちだ」

「え？」

「マイケルの実家が火事になって焼《や》けたことを聞いた。みんな心配でたまらなかったんだ。

そしたら、幹夫《みきお》先生が父兄に呼《よ》びかけてくれた。寄付《きふ》をしてもらったんだ。マイケルの新しい家のために役立ててくれ」

「きふ……」

幹夫《みきお》先生のほうを見ると、照《て》れくさいのか空を見上げている。

「うちのおやじなんてさ、いつもはすげえケチなのに、ポンと金出したぜ」

「うちもだ。母ちゃんが、マイケルは一人で遠い外国から来てがんばってる。えらい、応援《おうえん》したいってさ」

マイケルは、封筒《ふうとう》を見つめた。何の変哲《へんてつ》もない白い封筒《ふうとう》……ここには、部員たちの気持ちと、お父さんお母さんたちの気持ちがつまっているのだ。手から温《あたた》かいものが伝《つた》わってくるような気がした。

「ありがとう」

封筒《ふうとう》が重かった。頭を下げると、目から熱《あつ》いしずくが一粒《つぶ》こぼれた。

スティーブの家に電話をかけると、ちょうど母とボビーがいた。受話器《じゅわき》の向こうで母が泣《な》いた。

「本当にありがたい。みなさんにお礼を言って」

母は、何度もくり返した。

「こっちはおれがいるからだいじょうぶだ。マイケル、おまえ、まさか帰りたいなんて思っていないだろうな」

ボビーは、マイケルが思ったように、いつも通りの口調《くちょう》だった。受話器《じゅわき》を握《にぎ》りしめて声を出す。

「思ってない。ぼくは帰らないよ。こっちでがんばる」

「そうこなくちゃな」

ボビーが笑顔《えがお》になったのがわかった。

「家のことたのむ、ボビー」

「おう。マイケルもしっかりやれ」

マイケルは、うなずいて静《しず》かに受話器《じゅわき》をおいた。

日本語に、「恩返《おんがえ》し」という言葉があることを、マイケルは知った。今回のみんなの気持ちを、絶対《ぜったい》に忘《わす》れない。自分は、いつか山《やま》の手《て》高校のみんなに……いや、日本のみんなに恩《おん》返《がえ》ししたい。マイケルは、心の中で強い思いをかみしめていた。

マイケルの高校生活は、ラグビー中心に過《す》ぎていった。夏のニセコ合宿、冬の柔道部《じゅうどうぶ》での練習、そして花園《はなぞの》への出場。月日はめまぐるしく過《す》ぎた。去年と変《か》わったことといえば、ニュージーランドから新しい留学生《りゅうがくせい》が来たことだ。ジョシュア・マウとエペリ・ナコリニバルだ。ジョシュアはマイケルより一つ年上で、エペリは二つ年下、マイケルのいとこだった。今度はマイケルが二人にいろいろ教える番だった。日本語、日本の生活、山《やま》の手《て》高校での授《じゅ》業《ぎょう》、そしてラグビー部の練習……。二人は苦労しながらも、日本の生活に慣《な》れていった。自分もこんなふうに日本になじんでいったのかと、マイケルは二人を見つめながら思っていた。

マイケルが三年生になるころには、山《やま》の手《て》高校の名前は全国に知れわたるようになった。マイケルの実力も認《みと》められ、高校生の日本代表チームのメンバーに選《えら》ばれた。監督《かんとく》やコーチからの評価《ひょうか》は高かった。積極的《せっきょくてき》なプレイに加《くわ》えて、用具の後かたづけなどの裏方《うらかた》の仕事をもくもくとこなす。目立たないところで体を動かすマイケルの姿《すがた》に、多くの人が心を動かされた。ラグビー選手《せんしゅ》は、試合《しあい》に出ることだけがすべてではない。それを教えてくれたのは、山《やま》の手《て》高校の先生たちだった。マイケルは、日本の選手《せんしゅ》としてオーストラリアまで遠征《えんせい》に行き、多くの試合《しあい》に出場した。

体がボロボロで走ることもできない。そんな状況《じょうきょう》でオーストラリアから山《やま》の手《て》高校に帰ってきたのは、夏のニセコ合宿の最中《さいちゅう》だった。午前中にニセコに着いたマイケルは、疲《つか》れでくずれ落ちそうだった。

「おお、マイケル、帰ったか。おかえり」

幹夫《みきお》先生が、出迎《でむか》えてくれた。

「幹夫《みきお》先生、ただいま帰りました」

「ん、何してる？　早くジャージに着替《きが》えろよ」

「ジャージ？　今日《きょう》はちょっと……」

マイケルの言葉に、幹夫《みきお》先生は大げさなくらい目を丸くした。

「まさか。おまえ、休むつもりだなんてことはないよな」

「いや……でも、ぼくはさっき帰ってきたばかりで……」

「だめだ。マイケル、タフになれ」

幹夫《みきお》先生は一言そう言うと、マイケルの肩《かた》をたたいてはなれていった。マイケルは、しばらく動けなかった。……甘《あま》かった。こんなことくらいで練習を休ませてくれるような先生ではなかったのだ。まったくオニのようだ。

笑《わら》いがこみあげてくる。感謝《かんしゃ》してもしきれないオニだ。先生が言っているのは、体のことではなく、気持ちのことだ。マイケルは、重い体を持ちあげる。

さっさと着替《きが》えないと、大きな声が飛《と》んでくるはずだ。いつものように走りこみの練習が、マイケルを待っていた。

山《やま》の手《て》高校でいろいろな先生とかかわっていくうちに、マイケルの中に一つの夢《ゆめ》ができてきた。

教師《きょうし》になりたい、というものだ。

もちろん、ラグビーの世界的《せかいてき》なプレイヤーになるのは、昔からの夢《ゆめ》だった。でも、教師《きょうし》という職業《しょくぎょう》に強い興味《きょうみ》がわいてきたのだ。なにしろ、山《やま》の手《て》高校には個性的《こせいてき》で魅力《みりょく》のある先生が多かった。親分のような佐藤幹夫《さとうみきお》先生、温厚《おんこう》でおおらかな黒田《くろだ》先生、物静《ものしず》かに生徒《せいと》を励《はげ》ましてくれる伊藤《いとう》先生、エネルギッシュで兄貴《あにき》みたいな藤井《ふじい》先生……。自分が教師《きょうし》になったら、どんな教師《きょうし》になれるのだろう。この山《やま》の手《て》高校で、この先生たちといっしょに生徒《せいと》たちを教えられたら、きっと楽しい。そして、ラグビー部員を花園《はなぞの》に連《つ》れていけたら、選手《せんしゅ》とはまたちがう喜《よろこ》びを感じられる気がする。

マイケルは、幹夫《みきお》先生に相談してみた。

「そりゃあいい。資格《しかく》はとっておくもんだ。おれだって教師《きょうし》の資格《しかく》をとってなかったら、今ごろ何してたかわからないからな」

そう言って、いつものように豪快《ごうかい》に笑《わら》った。

「マイケルも東海《とうかい》大学に行ったらどうだ?」

「東海《とうかい》大学ですか」

「ジョシュアが行った大学だよ。教職課程《きょうしょくかてい》もあるし、ラグビーも強い」

マイケルより年上のジョシュアは、一足先に山《やま》の手《て》高校を卒業《そつぎょう》し、東海《とうかい》大学に進んでいたのだ。

「だいじょうぶだ。おまえならやれる。タフになれ、マイケル」

先生は、もう一度大きな声で笑《わら》った。

マイケルは知らなかった。それからすぐ幹夫《みきお》先生は、東《とう》海《かい》大学のラグビー部監督《かんとく》、木村《きむら》先生に連絡《れんらく》をしていたのだ。

「山《やま》の手《て》高校に、いい選手《せんしゅ》がいるんだがね。ニュージーランドから来たマイケルという子なんだが……」

また新しい大きな道が、マイケルを待ち受けていた。

高校３年生、友達《ともだち》と卒業記念《そつぎょうきねん》写真

(9) 大学時代

キャンパスに春の風が吹《ふ》いている。マイケルは、大きく息を吸《す》いこんだ。かすかに花の香《かお》りがする。北海道にはまだ雪が残《のこ》っているというのに、ここはもうすっかり春だ。日本はせまい国だと思っていたけれど、意外に広いのかもしれない。

三月の初《はじ》めに、マイケルは山《やま》の手《て》高校を卒業《そつぎょう》した。体育館での卒業式《そつぎょうしき》、校長先生の言葉、クラスメイトたちとの握手《あくしゅ》。そして、先生たちとの別《わか》れ。幹夫《みきお》先生の目が赤くなっていたのを、忘《わす》れることができない。

マイケルは、大学の寮《りょう》に向かって足を踏《ふ》みだした。これから、大学生活が始まる。

東海《とうかい》大学湘南《しょうなん》キャンパスは、神奈川《かながわ》県のほぼ中央、平塚《ひらつか》市にある。広大な敷地《しきち》に九つの学部、百十一棟《とう》の建物《たてもの》が立《た》ち並《なら》ぶ大きな大学だ。

マイケルが入学したのは体育学部だった。体育やスポーツ科学を学び、世界的《せかいてき》なアスリートや指導者《しどうしゃ》の育成《いくせい》を目的《もくてき》としている学部だ。ここでラグビー選手《せんしゅ》として活動し、教師《きょうし》の資格《しかく》を取得《しゅとく》したい。それがマイケルのめざすものだった。

寮《りょう》は、大学のすぐそばにあった。ラグビー部員専用《せんよう》の寮《りょう》だ。四人一部屋で、八畳間《じょうま》に二段《にだん》ベッドが四つおいてある。その一つがマイケルのスペースだ。部屋に入ると、ラグビー部の先輩《せんぱい》たちがいっせいにこっちを向いた。

「よろしくお願《ねが》いします」

マイケルは頭を下げる。先輩《せんぱい》たちは目を細めてマイケルを見ている。太い腕《うで》に盛《も》りあがった肩《かた》。先輩《せんぱい》たちの体は、マイケルよりひとまわり大きい。そのうちの一人が声を出した。

「名前は？」

「マイケル・リーチです」

「どこから来た？」

「札幌山《さっぽろやま》の手《て》高校から来ました。出身はニュージーランドです」

「ああ、きみがマイケルか」

「ふーん、なるほどね」

先輩《せんぱい》たちは、腕《うで》を組んでうなずきあっている。何かおかしなことを言っただろうか。マイケルは、落ちつかなくて背中《せなか》がむずむずした。

「マイケル、うちの大学のラグビー部の名前を知ってるか」

「はい。シーゲイルズです」

「そうだ。じゃあ、どういう意味だ?」

「いえ、それはわかりません。英語《えいご》みたいですが、そういう単語《たんご》は聞いたことがなくて」

先輩《せんぱい》はにやりと笑《わら》った。

「当たり前だ。シーゲイルズは造語《ぞうご》なんだ」

「造語《ぞうご》?」

「自分たちでつくったオリジナルの言葉ってことだよ。かもめ(seagull)が広い海原《うなばら》(sea)を疾風《しっぷう》(gale)のように飛《と》びまわる。そんな姿《すがた》をイメージしてつくられたんだ」

「ああ、そうでしたか」

どうりで聞いたことがない言葉だと思った。マイケルの目に、大海原《おおうなばら》をさっそうと飛《と》ぶかもめの姿《すがた》が浮《う》かびあがった。よい名前だ。自分もこの名前のように飛《と》びまわるかもめになれるだろうか。

先輩《せんぱい》の一人が手を差《さ》しだした。

「シーゲイルズにようこそ、マイケル」

「よく来たな」

「いっしょにやろうぜ」

三本の手が重なる。マイケルはおずおずとその上に自分の手をおいた。

「やるぜ！」

「おう！」

先輩《せんぱい》たちの声が、部屋にひびく。

「よろしくお願《ねが》いします！」

マイケルは、あらためて頭を下げた。

「おまえには、負けないからな、マイケル」

「レギュラー争《あらそ》いは激《はげ》しいぞ」

「まあ、がんばれ」

先輩《せんぱい》たちが笑《わら》いながら、マイケルの肩《かた》をたたく。

「はい」

うなずきながら、両手を握《にぎ》りしめる。また一からのスタートだ。マイケルは口の中でつぶやいていた。


大学での練習は、きびしかった。高校の練習がなつかしく感じるほどだ。きついと思っていた山《やま》の手《て》での練習は、生ぬるかったのだと思いしらされた。

「もっと気合いを入れて！」

トレーニングルームに、コーチの声がひびきわたる。広々とした部屋には、マシンがたくさん並《なら》んでいた。そして、マシンの前には汗《あせ》だくになってトレーニングに取り組む部員たちがいる。ここに足を踏《ふ》みいれるだけで体温が一気に上がるようだ。

練習初日《しょにち》、ラグビー部の監督《かんとく》木村季由《むらひでゆき》先生は新入部員を見回して言った。

「ここで週に二回、きみたちもウェイトトレーニングをすることになる。うちの大学では、フィジカルトレーニングに力を入れている。体をつくり上げる大切さをみんなにも早くわかってほしい」

　竹をすっぱりと切るような声だ。

「いいか。体は、きたえればきたえるほど、確実《かくじつ》に成果《せいか》が出る。たとえば、軽自動車とダンプカーがぶつかったようすを想像《そうぞう》してみてほしい。ダメージは、ダンプカーのほうが少ないだろう。同じようにラグビーの試合《しあい》ではきたえられた体を持つほうが有利《ゆうり》だ。大きなエンジンを持つほうが、強さを発揮《はっき》する」

　マイケルはうなずいた。

「わかっているとは思うが、かんちがいはするな。体をきたえさえすれば、それでラグビーが強くなるというわけではない。技術《ぎじゅつ》はもちろん必要《ひつよう》だ。ただ、体をきたえることで伸《の》びていく技術《ぎじゅつ》もある」

　マイケルの最初《さいしょ》の目標《もくひょう》がはっきりした。筋肉《きんにく》をつけ、体を大きくすることだ。

「よし、さっそくトレーニングに入れ」

　先生の指示《しじ》で、マイケルたちはそれぞれトレーニングマシンの前に立った。腕《うで》や胸《むね》、足をきたえるプレス、自転車のようにペダルをこぐバイク、腕《うで》をきたえるためのダンベルにバーベル……。マイケルはベンチプレスに取り組んだ。力を入れる。重い……。バーベルはピクリとも動かない。汗《あせ》がふき出て、息が荒《あら》くなる。体が悲鳴《ひめい》をあげはじめた。となりの先輩《せんぱい》を見ると、百キロ以上《いじょう》を持ちあげている。たしか男子の平均《へいきん》は五十キロくらいだから、相当なものだ。息を吸《す》いこむ。

自分もできる。まだまだだいじょうぶだ。

マイケルは唇《くちびる》をかみしめた。

あれから半月。ベンチプレスで百キロはまだあげることができない。自分はまだ軽自動車だ。ダンプカーとぶつかったら、つぶされてしまう。

汗《あせ》が流れて目にしみた。

木村《きむら》先生は、マイケルの姿《すがた》を横目でとらえた。華奢《きゃしゃ》な子だと思う。数か月前、ジョシュアに連《つ》れられて大学の見学に来たときの第一印象《だいいちいんしょう》もずいぶん線が細い子だ、というものだった。

「きみは、どういう大学生活をおくりたい？」

先生の言葉に、マイケルはすぐに答えた。

「ラグビーをもっともっとうまくなりたいです。世界で戦《たたか》えるようになりたい」

きらきら光る大きな目が、木村《きむら》先生を見つめた。

「それから、この大学で教員の資格《しかく》をとりたいです」

「ほお、教員？」

「はい。日本ですばらしい先生に会いました。ぼくも、資格《しかく》がほしいと思います」

「しかし、それはたいへんだぞ」

「わかっています」

はにかむように笑《わら》って、マイケルは目を伏《ふ》せたのだ。やさしくてひかえめな性格《せいかく》らしい。

この子は、攻撃的《こうげきてき》な選手《せんしゅ》にはならないだろう。ディフェンスで伸《の》びていく選手《せんしゅ》かもしれない。

高校時代は日本代表チームのメンバーにも選《えら》ばれたそうだが、大学のチームでも活躍《かつやく》できるとはかぎらない。しっかり体をつくり上げることができるかどうか、まずはそれにかかっている。なんとか四年間ラグビーをつづけてほしい。そして、彼《かれ》の望《のぞ》み通《どお》り教員の資格《しかく》をとらせてやりたい。

木村《きむら》先生は腕組《うでぐ》みをして、バーベルを持ちあげるマイケルを見つめた。

「その一年生、しっかりやれ！」

木村《きむら》先生の声に、

「はい！」というマイケルの声がまっすぐ返ってきた。


練習が終わると、マイケルは他の部員たちといっしょに学生食堂《しょくどう》に向かう。練習後の三十分はゴールデンタイムとよばれ、この間にとった栄養《えいよう》は効率《こうりつ》よく筋肉《きんにく》になるのだ。

「おばちゃん、定食ください」

「はいよ！」

大盛《おおも》りのごはんとカツ、サラダと煮物《にもの》がすぐに差《さ》しだされた。一般《いっぱん》学生が食べる量《りょう》の二倍くらいある。ラグビー部員の食事は、栄養《えいよう》と量《りょう》が考えられた特別《とくべつ》メニューだ。

「練習とトレーニングと栄養摂取《えいようせっしゅ》、この三つをひとかたまりにして自分を管理《かんり》するように」

木村《きむら》先生にいつも言われていることだ。

カツをほおばると、ニックの顔が浮《う》かんできた。カツを初《はじ》めて食べたのは、ニックの家だった。こんなにうまいものがあったのかと思ったものだ。あのころ、毎日が楽しくてたまらなかった。そういえば、ニックも、日本の大学に進んだらしい。ラグビーの強豪校《きょうごうこう》、拓《たく》殖《しょく》大学というところだ。ニックのことだ。きっと大学でも、楽しく過《す》ごしているんだろう。

今から会うのが楽しみだ。

「マイケル、何笑《わら》ってるんだよ」

先輩《せんぱい》の声に、マイケルは顔を上げた。

「ちょっと友達《ともだち》のことを思い出してました」

「笑《わら》うとかわいいよなあ、マイケルって」

「ほんとほんと」

「やめてくださいよ」

頬《ほお》が熱《あつ》くなる。

「ますますかわいい！」

食堂《しょくどう》に笑《わら》い声《ごえ》が広がった。マイケルも笑《わら》いながら、箸《はし》を握《にぎ》りなおす。食事の後ものんびりとはしていられない。明日《あした》の授業《じゅぎょう》の準備《じゅんび》が待っているのだ。

大学の授業《じゅぎょう》は、難《むずか》しかった。外国人だからといって、特別扱《とくべつあつか》いはいっさいない。授業《じゅぎょう》を理《り》解《かい》するために、日本語を学ぶ授業《じゅぎょう》もとらなければならなかった。それに加《くわ》えて、教員になるための授業《じゅぎょう》もある。授業《じゅぎょう》と勉強と練習に追われる毎日だった。

大学に入って初《はじ》めての試合《しあい》の相手は、明治《めいじ》大学だった。大学ラグビー選手権《せんしゅけん》で十二回の優《ゆう》勝《しょう》をほこる強豪校《きょうごうこう》だ。それぞれAチームとBチームに分かれ、試合《しあい》を行う。マイケルはAチームで参加《さんか》することになった。最初《さいしょ》はAチームどうしの対戦《たいせん》だ。

「思いきって行け」

監督《かんとく》の言葉に大きくうなずく。自分の力を試《ため》すよいチャンスだ。

ホイッスルがひびく。マイケルは最初《さいしょ》からとばしていた。ボールめがけて走る。体が軽かった。これならどんどん行けそうだ。マイケルが思った通り、チャンスはすぐにやってきた。相手側《あいてがわ》がこぼしたボールをがっしりとつかむことができた。このまま突《つ》っ走《ぱし》ってやる。両側《りょうがわ》から突進《とっしん》してくる選手《せんしゅ》たちをふりきってマイケルは走った。トライまでもうすぐだ。そう思ったときだ。突然《とつぜん》頭の後ろに衝撃《しょうげき》が走った。ボールが手から落ちる。横から飛《と》びだしてきた相手選手《せんしゅ》が拾いあげて走っていく。

「何するんだ！」

ふり向くと、相手チームの選手《せんしゅ》がへらっと笑《わら》った。こいつになぐられたのだ。マイケルの頭にかっと血が上った。思わずやり返す。そのとたん、ホイッスルが鳴った。審判《しんぱん》の手がイエローカードをあげている。

「それはないだろ。この人が先になぐったんだ！」

声を出したが、審判《しんぱん》は首を横にふった。シンビンをもらってしまった。十分間の退場《たいじょう》だ。マイケルの歯が、ギリッと音をたてた。相手選手《せんしゅ》は、知らん顔ではなれていく。

こういうやつがいちばん嫌《きら》いなのだ。正々堂々《せいせいどうどう》と自分の力でなぜ勝負しないんだ。マイケルはこみあげてくる怒《いか》りで、体中が熱《あつ》くなった。

結局《けっきょく》試合《しあい》は、明治《めいじ》大学Aチームに負けてしまった。

「残念《ざんねん》だったな。次に戦《たたか》うときは、勝とうぜ」

チームメイトに言われても、うなずけなかった。

次に戦《たたか》うとき？　それはいつだ？　この悔《くや》しい思いをそんなに長く抱《かか》えているのはいやだ。

マイケルは、チームメイトに背《せ》を向けた。

「おいマイケル、どこに行くんだ。Bチームの応援《おうえん》をする番だぞ」

答える余裕《よゆう》がなかった。マイケルはまっすぐ監督《かんとく》のところに向かった。

「どうした、マイケル？」

「監督《かんとく》、Bチームの試合《しあい》に出させてください」

お願《ねが》いします、とマイケルは頭を下げた。木村《きむら》先生は、少しの間マイケルを見つめた。

「待ってろ」

それだけ言って、グラウンドに目を向けた。もうBチームの試合《しあい》が始まっている。マイケルは、監督《かんとく》のそばで食いいるように試合《しあい》を見つめた。

試合《しあい》は明治《めいじ》がリードして後半を迎《むか》えた。残《のこ》り時間がわずかになったときだ。監督《かんとく》が、マイケルを見た。

「マイケル、行ってこい」

「はい！」

マイケルは、グラウンドに飛《と》びだした。自分のラグビーをするんだ、と思った。きたない手を使って勝つくらいなら、堂々《どうどう》と戦《たたか》って負けたほうがましだ。マイケルは、相手選手《せんしゅ》にぶつかっていった。

試合後《しあいご》に、ミーティングが行われた。部員たちの顔は暗かった。明治《めいじ》大学に、勝つことはできなかった。自分たちの弱さを見せつけられた気がしていた。監督《かんとく》の木村《きむら》先生が試合《しあい》をふり返る。

「今日《きょう》の試合《しあい》で、自分たちの弱さがわかったと思う。明治《めいじ》は、うちよりも前を走っている」

監督《かんとく》の言葉に、部員たちはうなだれた。

「要《よう》は覚悟《かくご》の問題だ。ボールをつかんだら絶対《ぜったい》に相手にわたさないぞ、攻《せ》めるぞ、という覚《かく》悟《ご》だ」

マイケルは、先生の言葉を頭にたたきこんだ。自分たちは、まだ弱いのだ。今日《きょう》の悔《くや》しさを忘《わす》れてはならない。

「ところで、今日《きょう》はなんで一年生のマイケルが一人だけ喧嘩《けんか》をしていたんだ？」

監督《かんとく》の横から加藤《かとう》コーチの声がした。マイケルは顔を上げた。

「負けて悔《くや》しくて、Bチームの試合《しあい》に出してくれというやつは、ほかにいなかったのか？」

だれも何も答えない。

「気持ちがもう負けていたんだと思わないか。ダメだと思ってもくらいついていく。そのくらいの気持ちがなければ、勝つことなんてできない。監督《かんとく》が言った覚悟《かくご》とはそういうことだ」

コーチはそう言ってマイケルを見た。軽くうなずく。マイケルは、頭を下げた。自分のやったことにまちがいはなかった。背中《せなか》を静《しず》かに押《お》されたような気がした。


体育学部には、さまざまな履修《りしゅう》科目がある。スポーツ運動学、体育哲学《てつがく》、解剖学《かいぼうがく》などの必《ひっ》修《しゅう》科目のほかに、選択《せんたく》科目も数多くあった。マイケルが選《えら》んだ科目の一つに、バドミントンの理論《りろん》・実習がある。そこで、マイケルは一人の女の人と出会うことになるのだ。


授業《じゅぎょう》が終わって教室を出ようとしていたときだ。マイケルの耳に、女子学生の話し声が聞こえてきた。

「さとみ、レポートのことなんだけど、この間の授業《じゅぎょう》の内容《ないよう》も入るのかな」

「ああ、わたしメモとってたよ。待ってて」

カバンに手を入れた女の子が、動きを止めた。

「あ、忘《わす》れてきちゃった」

「えー、困《こま》ったな」

「ぼくわかりますよ」

マイケルは思わず声をかけていた。二人がびっくりした顔で、マイケルを見た。

「レポートの範囲《はんい》は、前回の授業内容《じゅぎょうないよう》までです。ノートが必要《ひつよう》なら、ぼく持ってますけど」

二人は何も言わない。余計《よけい》なことを言ってしまったか、とマイケルが後悔《こうかい》したときだった。

背《せ》の高いほうの子が、ほほ笑《え》んだ。

「ありがとう。助かります。ノート貸《か》してもらってもいいかな」

マイケルは、カバンの中からノートをとり出した。わたそうとしたとき、女の子の肩《かた》がふるえているのに気がついた。泣《な》いているのかと思って、あせって顔をのぞくと笑《わら》っている。

「あの……？」

「ああ、ごめんなさい。日本語が話せないんだと思ってたから、びっくりしちゃって、ね」

女の子は、友達《ともだち》とうなずきあっている。

「名前教えてもらってもいい?」

「はい。ぼくは、マイケル・リーチです」

「マイケル、日本語がすごくうまいのね」

「いえ、それほどでも。じゃあ」

マイケルは、そそくさとその場をはなれた。顔が熱《あつ》い。名前を聞くのを忘《わす》れた、と思ったのは、ラグビー部の練習が始まる前だった。


女の子の名前はさとみさんといった。スポーツのイベントを企画《きかく》したり、スポーツの役割《やくわり》を考えたりするスポーツマネジメント学科の学生だった。授業《じゅぎょう》で顔を合わせるうちに、二人は自然《しぜん》と話をするようになった。

「マイケルって、いつもジョシュアといっしょにいて、にこにこ笑《わら》ってたでしょ。話してるところを見たことがなかったから、てっきり日本語が話せないと思ってたの。授業《じゅぎょう》とか、たいへんだろうなと思ってたのよ」

日本語が話せないと思われていたなんて、心外だと思った。高校時代に、日本語はみっちりきたえられてきたのだ。マイケルは、さとみさんに日本語のうまさを証明《しょうめい》したいと思った。その機会《きかい》は、すぐにやってきた。初《はじ》めてさとみさんからメールが来たのだ。マイケルに気をつかったのだろう。文字は全部ひらがなで書かれていた。

「バカにしてもらっちゃ困《こま》る」

マイケルはすぐに返信《へんしん》した。そのメールを見てさとみさんはおどろいた。漢字を使った日本語がぎっしりと書かれていたのだ。

それから、さとみさんはマイケルに気をつかうのをやめた。日本人の友人と同じように接《せっ》するようになった。日本語で話しかけて日本語でメールをする。マイケルの日本語は、いつでも正確《せいかく》だった。

マイケルとさとみさんは、心を許《ゆる》せる友人になっていった。

マイケルの大学生活は、高校時代以上《いじょう》に忙《いそが》しく過《す》ぎていった。いつのまにか緑の季節《きせつ》が過《す》ぎ、涼《すず》しい風が吹《ふ》きはじめていた。紅葉《こうよう》に染《そ》まるキャンパスを急ぎ足で歩いていると、後ろで声がした。

「おまえは、いつも忙《いそが》しそうだな」

ふり向くと、ジョシュアが立っていた。

「おう、ジョシュア」

「いっしょに飯《めし》でも食いにいかないか」

「ああ、悪い。これからすぐにまた授業《じゅぎょう》なんだ」

ジョシュアは、肩《かた》をすくめた。

「おまえ、飯《めし》を食う時間もないのか。今日《きょう》も四時間授業《じゅぎょう》か?」

「そうだよ」

「一講座《こうざ》九十分だぞ。少し減《へ》らしたほうがいいんじゃないのか」

「いや、だいじょうぶだ。ラグビーの練習時間には遅《おく》れないよ。じゃあ、急ぐから、後でな」

マイケルは片手《かたて》をあげると、早足で歩きだした。ジョシュアがあきれているのがわかる。

彼《かれ》の言うことはもっともだと思う。ふつうの授業《じゅぎょう》のほかに、日本語別科《べっか》と教職課程《きょうしょくかてい》をとっているせいで、マイケルの毎日にはほとんど空き時間がない。ジョシュアとゆっくり話をするひまもないのだ。正直、自分でもこの調子でどこまでつづけられるか、わからなかった。でも、できるところまではやってみたい。やめることは、いつでもできる。今は、目の前にあることを一つ一つこなしていくだけだ。

マイケルは息を大きく吸《す》いこんで、足に力を入れた。

木村《きむら》先生に華奢《きゃしゃ》だと思われていたマイケルの体は、一年が過《す》ぎるころにはがっしりと大きくなっていった。ウェイトトレーニングと栄養摂取《えいようせっしゅ》の成果《せいか》があらわれてきていたのだ。精神面《せいしんめん》でも変化《へんか》が出てきていた。最初《さいしょ》はまわりに遠慮《えんりょ》していたマイケルが、だんだんと自分の意見を主張《しゅちょう》するようになってきた。これから、この大学でもっと活躍《かつやく》したい。そう思っていたときだ。マイケルの元に、一本の電話が入る。

「もしもし、マイケルです」

「マイケル？　突然《とつぜん》すまない」

電話は、ニュージーランドのチームコーチからのものだった。

「じつは、マイケルにこっちにもどってきてほしいと思って電話したんだ。ニュージーランドでぜひプレイしてほしい」

マイケルはとっさに返事ができなかった。

「少し考えさせてください」

そう言うのがやっとだった。

ニュージーランドの青い空が目に浮《う》かぶ。美しい街並《まちなみ》となつかしい人たち……。あそこでもう一度プレイできたら、どんなに楽しいだろう。心が、ニュージーランドに飛《と》んでいく。

「待てよ、マイケル。それでいいのか？」

自分の中から声が聞こえた。

「ニュージーランドにもどったら、満足《まんぞく》できるのか？　日本で積《つ》みあげてきたものはどうする？」

マイケルは何日も考えつづけた。考えれば考えるほどわからなくなった。このまま悩《なや》みつづけても決心できそうにない。

マイケルは、木村《きむら》先生に相談してみることにした。

先生は、マイケルの話をだまって聞いていた。

「ぼくは迷《まよ》っています。ニュージーランドに帰りたい気持ちが半分、日本に残《のこ》りたい気持ちが半分です」

先生は、腕組《うでぐ》みをしてうなずいた。

「マイケル、きみはなぜ日本に来たんだ？」

突然《とつぜん》の質問《しつもん》にマイケルは口ごもった。

「それは……自分の力をもっとつけたいと思ったからです。日本という国で、成長《せいちょう》したいと思ったんです」

マイケルの気持ちが、十五歳《さい》のときにもどっていく。日本に行きたくてたまらなかったあのころ。行けるとわかったときの胸《むね》が熱《あつ》くなる感じがよみがえって、息苦しくなった。

「日本で成長《せいちょう》できたと思うか？」

「はい」

「これから、日本でもっと成長《せいちょう》できると思うか」

「はい」

「じゃあ、ニュージーランドに帰ったら、それ以上《いじょう》に成長《せいちょう》できると思うか」

「それは……」

すぐにうなずくことができなかった。日本にいる自分の将来《しょうらい》の姿《すがた》はすぐに浮《う》かんでくるのに、ニュージーランドでの姿《すがた》が浮《う》かんでこない。

「自分の力がより多く発揮《はっき》できるのはどちらの国か、考えたほうがいい。今だけでなく、将《しょう》来《らい》をふくめてだ。ここで大学を卒業《そつぎょう》したらどうなるか。ニュージーランドでプレイすることになったら、将来《しょうらい》どうなるか。いや、どうなるかではなくて、どうするかだ」

木村《きむら》先生は、マイケルを見つめた。

「決めるのは自分だ」

マイケルは、だまってうなずいた。声が出せなかった。

ドアノブに手をかける。ふり向くと、先生はまだマイケルを見つめていた。目がマイケルの気持ちの底《そこ》を見つめるかのように深い色をしていた。マイケルは、頭を下げて静《しず》かにドアを閉《し》めた。

日本に残《のこ》ろう。

ドアの閉《し》まる音が耳にとどいたときには、もうマイケルの心は決まっていた。

マイケルがセブンズ（七人制《せい》ラグビー）の日本代表に選《えら》ばれたのは、そのすぐ後だった。

マイケルの迷《まよ》いは、完全《かんぜん》にふっきれた。

日本では、自分が必要《ひつよう》とされている。それなら、全力でこたえたい。日本の代表として世界でプレイをしていきたい。

一本の道が、マイケルの前に伸《の》びていた。


それから、マイケルの毎日はますます忙《いそが》しくなった。どうしても出席《しゅっせき》できない授業《じゅぎょう》が増《ふ》えていく。遠征先《えんせいさき》でレポートを書いて提出《ていしゅつ》したり、特別授業《とくべつじゅぎょう》を受けたりして、単位《たんい》はしっかりとることができた。ただ、教職課程《きょうしょくかてい》だけはあきらめなければならなかった。出席《しゅっせき》日数がどうしても足りなかったのだ。教師《きょうし》の資格《しかく》をとるという目標《もくひょう》は、達成《たっせい》することができなかった。

明治《めいじ》大学戦《せん》で走るマイケル（大学３年）

⑩ 別《わか》れ

マイケルは、三年生になった。ラグビーと勉強に打ちこむ毎日に、もう迷《まよ》いはなかった。友達《ともだち》も増《ふ》えた。ラグビー部やクラスの仲間《なかま》、そしてさとみさん。みんな心を許《ゆる》せる友人だった。このまま何事もなく大学生活がつづいていく。当たり前のようにそう信《しん》じていた。けれどある日、エミリーから来た電話がマイケルの思いを打ちくだいた。

「マイケル、たいへんなの」

エミリーの声はやけに小さかった。

「え、なんだよ、エミリー。もっと大きな声で言ってくれよ」

電話口で、マイケルは笑《わら》ってしまった。エミリーが、ふざけていると思ったのだ。

「マイケル……」

よく聞くと、エミリーの声はふるえていた。

「ふざけてるんじゃないわ。気持ちをしっかり持って聞いて」

マイケルの笑《わら》いが引いた。

「ボビーが死んだの」

「え？」

聞きまちがいかと思った。

「交通事故《じこ》で死んでしまったの」

死んだ？　ボビーが？

「まさか……」

「本当なのよ、マイケル」

あの元気の塊《かたまり》みたいなボビーが……死んだ？

手の力が抜《ぬ》けた。受話器《じゅわき》がすべり落ちる。

「マイケル、マイケル、聞こえてる？」

頭が真っ白になった。受話器《じゅわき》を拾いあげることができない。まわりの音が遠くなり、何も聞こえなくなる。

ボビーの弾《はじ》けるような笑顔《えがお》が、マイケルの目の奥《おく》に大きく広がっていった。

それからの数日間は、雲の上を歩いているようだった。現実感《げんじつかん》がなく、足元がふらついた。すぐに飛行機《ひこうき》に乗って、ニュージーランドに向かう。その間も、夢《ゆめ》の中にいる気がしていた。

家に帰ってドアを開けたら、ボビーが笑顔《えがお》で飛《と》びだしてくるのではないか。

「バカだなあ、マイケル。おれが死ぬわけないだろ。だまされたな」

そう言って、豪快《ごうかい》に笑《わら》うのではないか。

そう思えてしかたなかった。

クライストチャーチの家に着き、ドアを開ける。

「マイケル……」

立っていたのは、泣《な》きはらした顔のエミリーだった。後ろから母がふらつきながら歩いてきて、マイケルを抱《だ》きしめた。部屋の中には、魂《たましい》の抜《ぬ》けたような顔をした父と、泣《な》きじゃくるアネがいた。そして、動かなくなったボビーが静《しず》かに横たわっていた。

明けない夜がつづくような毎日だった。いつもだれかが涙《なみだ》を流し、ボビーの名前を口にした。マイケルは、自分の中から大きなものがごっそりとぬけ落ちたような気がしていた。

「マイケル、そろそろ日本に帰らなくていいの？」

母の言葉に、マイケルは首をふった。体に力が入らないのだ。何もできない。ラグビーもできるかどうかわからない。日本にも帰れないかもしれない。このままではいけないと思う。でも、どうしようもなかった。ボビーがいない毎日は、色が消えたようにむなしかった。

幹夫《みきお》先生から花が届《とど》いたのは、そんなときだった。真っ白な花束《はなたば》だ。目にしみるようだった。その花を見たとたん、胸《むね》がつまった。

先生の笑顔《えがお》が目に浮《う》かぶ。いっしょに食べたハンバーグ、ニセコの夏合宿、土埃《つちぼこり》の舞《ま》うグラウンド……いろんな思い出が一気に押《お》しよせてきた。なつかしくて、体がふるえた。

それが合図のように、いろいろな人からメールが届《とど》きはじめた。木村《きむら》先生、ラグビー部の仲間《なかま》たち、ニック、そしてさとみさん。

みんなの言葉には、マイケルを心配する気持ちがあふれていた。体の中にあった大きな氷がゆっくりととけていく。みんなに会いたい。もう一度、日本にもどろうか……マイケルがそう思いはじめたときだ。父が、みんなを見回して言った。

「もうやめよう」

家族みんなが、父を見た。

「悲しむのは、もうやめよう。ボビーは喜《よろこ》ばない」

口数の少ない父が、かみしめるようにつぶやいた。母のエヴァが、大きくうなずく。

「そうね。ボビーは、楽しいことが大好《だいす》きだった。家族の悲しむ姿《すがた》は見たくないわよね」

エミリーが、泣《な》き笑《わら》いの顔でうなずく。

「でも、でも……わかるけど、さびしいね」

アネが鼻をすすった。エミリーが、抱《だ》きしめる。

「バカだなあ。みんな、泣《な》くなよ」

白い花の後ろで、困《こま》った顔のボビーが頭をかく姿《すがた》が見えたような気がした。


それから数日後、マイケルは日本行きの飛行機《ひこうき》に乗った。まだ日本にもどると決めたわけではなかった。ただこのままではだめだと思ったのだ。一度日本に帰って、これからどうするのか考える必要《ひつよう》がある。

日本の空港に着いて、ほっと息をはいた。まっすぐ大学に向かおう。そう思って、顔を上げた。

「あ……」

人ごみの中に、よく知っている顔を見つけた。向こうもマイケルに気がついて立ち止まる。

「マイケル」

近づいてきたのは、さとみさんだった。

「すごい偶然《ぐうぜん》ね。わたしも今もどってきたところなの」

さとみさんは、アメリカに短期留学《りゅうがく》していたのだ。まさか、同じ日に帰ってくるとは思わなかった。マイケルは、びっくりして声も出せなかった。

「おかえり、マイケル」

頭を下げてから、さとみさんはマイケルの目をまっすぐに見つめた。

「たいへんだったね」

マイケルは、だまってうなずいた。このとき、マイケルの迷《まよ》いは消えた。このまま日本に残《のこ》ろう。日本には、かけがえのない大切な仲間《なかま》がいる。もしかしたら、そのことを教えるために、ボビーがさとみさんに会わせてくれたのかもしれない。

「だいじょうぶ、マイケル？」

「はい。ぼくはだいじょうぶ」

マイケルは、自分が久《ひさ》しぶりにほほ笑《え》んでいることに気づいていた。


数週間休んだせいで、マイケルの体力はひどく落ちていた。体重もかなり減《へ》った。もとにもどすには、かなり練習に打ちこまなければならない。悩《なや》んでいるひまはなかった。マイケルは、ひたすらトレーニングに励《はげ》んだ。支《ささ》えになったのは、仲間《なかま》たちとさとみさんだった。

このころ、マイケルとさとみさんは一つの約束《やくそく》をした。

大学を卒業《そつぎょう》したら、結婚《けっこん》しよう。

いっしょに人生を過《す》ごしていきたいという気持ちは、二人とも同じだった。マイケルの人《ひと》柄《がら》を知って、さとみさんの両親も応援《おうえん》してくれている。

マイケルの目は、まっすぐ前を見つめていた。

以前《いぜん》と同じように忙《いそが》しい毎日がもどってくる。練習と試合《しあい》、そして勉強の日々。ちがうのは、ときどきボビーの姿《すがた》が胸《むね》をよぎることだ。一瞬《いっしゅん》、息がつまって苦しくなる。そのたびにマイケルは息を吸《す》いこんで空を見上げた。きっとボビーは、自分を見てくれているはずだ。体から力を抜《ぬ》いて、息をはく。ボビーの分まで走ろうと思う。緑のグラウンドに、マイケルは足を踏《ふ》みだす。

(11) 新しい道

卒業《そつぎょう》が近づいてきた。卒業後《そつぎょうご》、マイケルは東芝《とうしば》に入りプレイすることが決まった。

最後《さいご》に大学選手権《せんしゅけん》で優勝《ゆうしょう》する、それが、マイケルの目標《もくひょう》だった。

年末《ねんまつ》に始まった試合《しあい》は順調《じゅんちょう》に勝ち進み、準決勝《じゅんけっしょう》まで来た。相手は、去年決勝で敗《やぶ》れた帝《てい》京《きょう》大学だ。

「今年こそ絶対《ぜったい》に勝とう！」

マイケルは、チームメイトたちと誓《ちか》いあっていた。

一月二日、正月の秩父宮《ちちぶのみや》は、たくさんの観客《かんきゃく》がつめかけて熱気《ねっき》にあふれていた。試合前《しあいまえ》、ロッカールームで着替《きが》えているときだ。スパイクをはこうとしたマイケルは息をのんだ。

「たいへんだ……。」

「どうした、マイケル？」

木村《きむら》先生の声に、マイケルは、黙《だま》って目の前のスパイクを指さした。先生は、目を見張《みは》った。マイケルの前には、左足のスパイクが二つ、同じ形で並《なら》んでいたのだ。

「おい、これ……」

「すみません。やってしまいました」

マイケルは、左足のスパイクを二つ持ってきてしまったのだ。

「たいへんだ。代わりのスパイクはあるか？」

マイケルが首を横にふる。

「だれか、マイケルと同じサイズのスパイクを持っている者は？」

「いません。マイケルは足がでかいんです」

マイケルの足のサイズは三十一センチだった。他の選手《せんしゅ》ではいちばん大きくて二十九・五センチだったのだ。

「急いで買ってきます！」

コーチがロッカールームを飛《と》びだしていった。マイケルは、頭を抱《かか》えた。昨日《きのう》、準備《じゅんび》をしているときに三足あるスパイクの中から一足を選《えら》んで入れた。まさか左足を二つ入れてしまったなんて。信《しん》じられないミスをしてしまった。

数分後、コーチが息を切らしてもどってきた。「どうだった？」

「だめです。正月なので、店はほとんど閉《し》まってて……。近くのスポーツ店にはこれしかありませんでした」

コーチが差《さ》しだしたのは、二十九・五センチのスパイクだった。

「どうする、マイケル？」

「これでやります」

マイケルは、スパイクを受けとった。足を入れると、ぎゅうぎゅうでつま先が痛《いた》かった。でもしかたがない。自分が悪いのだ。これでやるしかない。マイケルは、唇《くちびる》をかんで立ちあがった。

試合《しあい》は、接戦《せっせん》だった。打倒帝京《だとうていきょう》という思いで練習をつづけてきた一年間。マイケルもチームメイトも必死《ひっし》だった。前半は五分五分で終わり、勝負は後半にもつれこんだ。

「マイケル、だいじょうぶか？」

木村《きむら》先生の言葉に、マイケルはうなずいた。

「はい。だいじょうぶです」

本当はだいじょうぶではなかった。足がじんじんと痛《いた》い。

「よし、後半戦。悔《く》いのないようにしっかり戦《たたか》ってこい！」

「はい！」

チームメイトといっしょに、グラウンドに飛《と》びだす。足に合わないスパイクのことは、もう頭から抜《ぬ》けていた。力いっぱい戦《たたか》って勝ちたい。頭の中にはそのことしかなかった。

ホイッスルの音がして、試合《しあい》が再開《さいかい》された。相手の攻撃《こうげき》はすばやかった。ボールが次々とパスされ、なかなかうばうことができない。みるみるうちに、東海大《とうかいだい》チームのゴールに近づいてきた。

よし、タックルだ。

相手選手《せんしゅ》めがけて走る。けれど、追いつくことができない。

「マイケル、何してる。もっと速く走れ！」

監督《かんとく》の声が飛《と》んでくる。マイケルは、必死《ひっし》に足を動かした。

だめだ。足がうまく動かない。

相手のチームがみるみるうちにラインに迫《せま》り、そしてトライ。歓声《かんせい》があがる。マイケルは、ぼう然《ぜん》と宙《ちゅう》を見た。

チームメイトが、マイケルをなぐさめるように肩《かた》をたたく。申《もう》し訳《わけ》なさと悔《くや》しさで、体が縮《ちぢ》んでしまいそうだった。

このままでは終われない。

歯をくいしばる。口の中からぎりぎりと音がした。

後半十二分、十七対二十一で相手がリードしていたときだ。チャンスがめぐってきた。マイケルの近くにボールを持った選手《せんしゅ》が駆《か》けてきたのだ。ためらうひまはなかった。マイケルは全力でボールを手に入れた。そのまま猛然《もうぜん》とダッシュする。足が刺《さ》されるように痛《いた》い。でも、止まるわけにはいかなかった。無理《むり》やり走った。絶対《ぜったい》に入れてやる。

マイケルは、追いかけてくる帝京《ていきょう》の選手《せんしゅ》たちを引きはなしてトライした。

「やった！」

歓声《かんせい》がわき上がる。二十二対二十一で、逆転《ぎゃくてん》。しかし、ほっとしたのもつかの間だった。帝京《ていきょう》の選手《せんしゅ》が、ボールをつかんで一気に走りはじめたのだ。味方の選手《せんしゅ》がいっせいに追いかける。けれど、追いつくことはできなかった。ホイッスルが鳴りひびく。また逆転《ぎゃくてん》されてしまった。もう時間がない。あせる気持ちだけがつのっていった。

必死《ひっし》にボールを追いかける。足は感覚《かんかく》がなくなっていた。もう少しでボールに手が届《とど》く。もう少し……。そのとき、ホイッスルが鳴りひびいた。マイケルの体から力が抜《ぬ》けた。二十二対三十六。完敗《かんぱい》だった。

「すみません」

監督《かんとく》の前でマイケルは頭を下げた。どんな顔をしたらいいのかわからなかった。

「ぼくのせいで、みんなをバタバタさせてしまいました」

「お疲《つか》れさん」

監督《かんとく》が声を出す。

「四年間、よくがんばってくれた」

マイケルは、思わずうつむいた。

「自分が、もっとちゃんと準備《じゅんび》をしていたら……」

「マイケル、きみは、本当によくがんばった」

監督《かんとく》の手がマイケルの肩《かた》におかれた。マイケルの体の奥《おく》から、熱《あつ》いものがこみあげる。握《にぎ》りしめたこぶしがふるえた。

東海《とうかい》大学での試合《しあい》が、この日終わった。

大学の仲間《なかま》と楽しんだ伊豆《いず》への卒業《そつぎょう》旅行で

その後、マイケルは東芝《とうしば》ブレイブルーパスに入った。日本国籍《こくせき》を取得《しゅとく》し、さとみさんと結《けっ》婚《こん》。度重《たびかさ》なるけがを乗りこえ、二〇一四年には全日本のキャプテンになった。

オールブラックスでいわれている「よい人間がよい選手《せんしゅ》になる」(Better person will be《ベターパーソンウィルビー》 a good player.《アグッドプレイヤー》)という言葉が、マイケルの頭にはつねにある。よい人間でありたい、と心から思う。

ラグビーの試合《しあい》が終われば、相手チームとパーティーをする。試合《しあい》の勝ち負けに関係《かんけい》なく話に花を咲《さ》かせる。そんなノーサイドの精神《せいしん》にマイケルは多くを学んだ。ラグビーはたんなるスポーツではなく人生のようだ。

ニュージーランド出身の日本人キャプテン、リーチ・マイケル。日本ラグビー界に新しい風が吹《ふ》きはじめていた。

エピローグ

ブライトン・コミュニティ・スタジアムには熱気《ねっき》があふれかえっていた。スクラムを選《えら》んだ日本チームの勇気《ゆうき》が熱気《ねっき》に変《か》わり、グラウンドで渦《うず》を巻《ま》いているようだ。日本チームがめざすのは、引き分けではない。勝利《しょうり》の二文字だった。

残《のこ》り時間が少ない。反則《はんそく》をしてしまったらすべてが終わる。熱気《ねっき》の中に小さな緊張《きんちょう》の粒《つぶ》が見えかくれしていた。

マイケルの心に、火がともる。今まで幾度《いくど》となく燃《も》やしつづけた炎《ほのお》が、今また自分の中に大きく燃《も》えあがるのを感じる。その反対に冷静《れいせい》な自分もまた存在《そんざい》していて、試合《しあい》の流れをじっと見つめているのだ。

南アフリカ側《がわ》のコートで、ボールが動いた。マイケルがボールをつかむ。迷《まよ》うことなく右コーナーに向かって突進《とっしん》した。南アフリカチームの選手《せんしゅ》たちが駆《か》けよってくる。タックルを受けたとき、反対サイドに隙間《すきま》が生まれた。マイケルはそれを見逃《みのが》さなかった。

「行け！」

南アフリカの選手《せんしゅ》があわてて反対サイドに目を向けた。そのときには、もうボールは立川《たてかわ》の手からマフィに移《うつ》り、流れるようにヘスケスにパスされていた。マイケルは、まばたきを忘《わす》れた。南アフリカ選手《せんしゅ》の猛烈《もうれつ》なタックル。走るヘスケス。時間が一瞬《いっしゅん》止まったような気がした。タックルを受けながら、ヘスケスがラインにすべりこむ。

そのとたん、地鳴りのような歓声《かんせい》がわき起こった。

勝った。南アフリカに勝ったのだ。

マイケルは天をあおいだ。

こみあげてくる熱《あつ》いものが、涙《なみだ》なのか笑《わら》いなのかわからない。仲間《なかま》がいっせいに駆《か》けよってくる。今、マイケルは大きな流れの真っただ中に立っているのがわかった。歴史《れきし》が変《か》わったのだ。

割《わ》れるような拍手《はくしゅ》と歓声《かんせい》の中で、マイケルは仲間《なかま》たちと手を握《にぎ》り、強く抱《だ》きあった。

十月三十一日、ワールドカップが終わった。日本は、サモアとアメリカに勝利《しょうり》したものの、スコットランドに敗《やぶ》れ、あと一歩というところで準決勝《じゅんけっしょう》に進むことができなかった。

それでも、南アフリカ戦《せん》での勝利《しょうり》は世界中に大きなおどろきと感動をあたえた。

マイケルは、アメリカ戦《せん》の後で、選手《せんしゅ》たちをグラウンドに集めた。どの選手《せんしゅ》も、試合後《しあいご》の疲《つか》れがにじみでているものの、目が輝《かがや》いていた。大きな自信《じしん》がみなぎっている。

「みんなしっかり聞いてほしい。おれたちは、南アフリカに勝った。それは、大きな誇《ほこ》りだ。でも、心に留《とど》めておいてほしいことが三つある」

選手《せんしゅ》たちの目が、マイケルに集まった。

「一つ目、天狗《てんぐ》になるな」

みんなの背筋《せすじ》が伸《の》びた。

「二つ目、身近にいる仲間《なかま》を大事にしろ」

どの選手《せんしゅ》も真剣《しんけん》な顔でうなずいている。

「それから三つ目、帰ったらそれぞれの仲間《なかま》にワールドカップのようすを伝《つた》えてほしい。みんながこれからのワールドカップをめざせるように」

「おう！」

声が一つになる。選手《せんしゅ》たちの目は、もう次のワールドカップを見つめていた。

二〇一九年、ラグビーワールドカップ開催地《かいさいち》、日本。

マイケルと桜《さくら》の戦士《せんし》たちの戦《たたか》いはもう始まっている。

あとがき

ひろはたえりこ

「緊急事態発生《きんきゅうじたい》！」

友人から、突然《とつぜん》そんなメールが来たのは夕暮《ゆうぐ》れのことでした。いったい何があったのだろう。あわてて待ち合わせ場所に駆《か》けつけると、友人のNさんが胸《むね》を押《お》さえながら待っていました。

「マイケルのお話が書けるかも」

Nさんが何を言ってるのか、最初《さいしょ》はわかりませんでした。

「マイケルよ。リーチ・マイケルのお話が書けるかもしれないの」

「ほんと？」

わたしたちは、思わず手を取りあいました。

その数日前、Nさんに小さなご縁《えん》があり、マイケルのお話が書けたらどんなにいいだろうね、と話したばかりだったのです。

「子どもたちにラグビーの素晴《すば》らしさが伝《つた》えられるなら」

と、マイケルは書籍化《しょせきか》を許可《きょか》してくれました。

マイケルにゆかりのある方たちにお会いしておどろいたことは、どの人もニコニコと誇《ほこ》らしげにお話をしてくださることでした。

「マイケルは本当にいい奴《やつ》だ。まじめなんだ」

まるで自分の身内を自慢《じまん》するようにお話ししてくださるのです。

わたしもマイケルにお会いして、みなさんの気持ちがわかりました。一つ一つの質問《しつもん》に真剣《しんけん》に言葉を選《えら》びながら答えてくれる姿《すがた》、ときおり垣間見《かいまみ》える若者《わかもの》らしいはにかみと情熱《じょうねつ》。全日本のキャプテンはこの人なんですよ、と会う人ごとに自慢《じまん》したくなってしまうほどです。

お話では、社会人になってからのことはくわしく書いていないので、ここでかんたんにふれさせていただこうと思います。

二〇一三年から二〇一四年にかけて、マイケルはけがに苦しめられる日々でした。

一月、サントリー・サンゴリアスとの試合《しあい》で腕《うで》を骨折《こっせつ》。

六月、フィジーで行われたパシフィックネイションズに日本チームとして参加中《さんかちゅう》、足を脱《だっ》臼骨折《きゅうこっせつ》。

年が明けた二〇一四年一月、東芝《とうしば》の試合《しあい》に出場中、頰《ほお》を骨折《こっせつ》。手術《しゅじゅつ》とリハビリの日々がつづきました。奥《おく》さんのさとみさんは、スポーツマッサージを学んでマイケルを支《ささ》えました。

二〇一三年にマイケルは日本国籍《こくせき》を取得《しゅとく》して、日本人になります。名前もリーチ・マイケルと日本の表し方に変《か》えました。秋には、長女のアミリアちゃんが生まれ、マイケルはパパにもなりました。また、二〇一三年春に、妹のアネが日本にやってきて、立正《りっしょう》大学でラグビー選手《せんしゅ》として活躍《かつやく》しています。

「マイケルは日本人より日本人らしいんだ」

お話をお聞きした方の一人がつぶやいていた言葉を思い出します。書きながら、わたしもマイケルといっしょにワクワクしたりハラハラしたりしました。日本の子どもたちにマイケルの想《おも》いが伝《つた》わることを心から願《ねが》っています。

最後《さいご》に、お話を聞かせてくださったニュージーランドのマイケルのご家族、佐藤幹夫《さとうみきお》先生はじめ山《やま》の手《て》高校のみなさん、マーク・イーリーさんとニコラス・イーリーさん、木村季由《きむらひでゆき》先生、ありがとうございました。友人の山崎望美《やまざきのぞみ》さん、鈴木恭子《すずききょうこ》さん、編集長《へんしゅうちょう》の渡部《わたなべ》のり子さん、そしてさとみさんとマイケルに心より感謝《かんしゃ》いたします。

ひろはた　えりこ

北海道根室市生まれ。北星学園大学英文科卒業。作品に『空のてっぺん銀色の風』（小峰書店）、『海の金魚』（あかね書房）、『牧場の月子』（汐文社）など。ノベライズに『マリと子犬の物語』『きな子』（汐文社）、訳書に『はいしゃさんにきたのは だれ？』ほか多数。

協力　日本ラグビーフットボール協会
東芝ラグビー部
Coventry Management. Co

写真提供　志賀由佳

ブルーバトンブックス
明日にトライ！　リーチ・マイケル物語
2016年12月23日　第1刷発行

著者：ひろはた えりこ
協力：リーチ マイケル
ブックデザイン：アンシークデザイン
発行者：小峰紀雄
発行所：株式会社小峰書店
〒162-0066　東京都新宿区市谷台町4-15
TEL 03-3357-3521　FAX 03-3357-1027　http://www.komineshoten.co.jp/
組版・印刷：株式会社三秀舎
製本：小高製本工業株式会社

ISBN978-4-338-30801-4　NDC916　191P　20cm